최신
개정

다락원
중국어
마스터

박정구 · 백은희 · 마원나 · 샤오잉 공저

STEP 3

다락원

다락원 홈페이지에서 MP3 파일
다운로드 및 실시간 재생 서비스

최신개정
다락원 중국어 마스터 STEP 3

지은이 박정구, 백은희, 마원나, 샤오잉
펴낸이 정규도
펴낸곳 (주)다락원

제1판 1쇄 발행 2009년 8월 24일
제2판 1쇄 발행 2021년 11월 1일
제2판 3쇄 발행 2024년 3월 15일

기획·편집 김혜민, 이상윤
디자인 김교빈, 김나경, 최영란
일러스트 정민영, 최석현
사진 Shutterstock

다락원 경기도 파주시 문발로 211
전화 (02)736-2031 (내선 250~252 / 내선 430, 431)
팩스 (02)732-2037
출판등록 1977년 9월 16일 제406-2008-000007호

ISBN 978-89-277-2290-8 14720
        978-89-277-2287-8 (set)

www.darakwon.co.kr
다락원 홈페이지를 방문하시면 상세한 출판 정보와 함께 동영상 강좌, MP3 자료 등 다양한 어학 정보를 얻으실 수 있습니다.

들어가는 말

여러분은 어떤 이유로 중국어를 배우게 되었나요? 여러분이 중국어를 배우는 동기는 다양하겠지만, 하나의 공통된 목표를 가지고 있을 것입니다. 중국어를 재미있고 효과적으로 잘 배우고 싶다는 것.

중국어가 기타 외국어와 다른 독특한 특징은 중국어를 배우는 데 있어서 핵심적 요소이며, 가장 흥미 있는 부분입니다. 예를 들어 볼까요? 중국어는 운율 언어입니다. 성조(음의 높낮이)를 갖고 있고 강약과 템포가 살아 있는 언어라는 말입니다. 이 운율이 있는 언어를 배우는 과정은 학습자에게 큰 즐거움을 느끼게 합니다. 또한, 중국어 문장은 매우 간결합니다. 한두 개의 한자가 하나의 단어를 이루고, 문법 특징이 간결하며 시제·일치·성(性)·수(數) 등과 같은 복잡한 표현이 없습니다. 따라서 학습에 있어서도 간결하고 핵심적인 이해만을 요구합니다.

이제까지 한국 학생들이 많이 찾은 중국어 책은 중국에서 출판되고 한국에서 번역된 것이 대부분입니다. 그 책들은 대부분 중국인의 시각에서 쓰여졌기 때문에 한국 학생들의 가려운 부분을 시원하게 긁어 주지 못하는 면이 많습니다. 본 서는 한국인의 입장에서 효율적이고 흥미롭게 중국어를 배울 수 있는 구성과 체제를 갖추고, 의사소통 능력 습득이라는 외국어 학습의 목표를 최대한 실현하려 노력했습니다. 리듬감 있는 중국어의 운율을 살리는 낭독 연습과 중요한 사항을 명확하게 알려주는 팁, 간결하고 명쾌한 문법 설명 등을 적소에 배치하였고, 스토리의 구성과 내용에서도 흥미를 줄 수 있고 생동감 있는 필수 회화 표현을 넣었습니다. 또한 워크북을 따로 두어 예습과 복습을 통해 언어능력을 확고히 다질 수 있도록 했습니다.

처음 본 서 제1판이 출판된 이후 지금까지 10년 가까운 시간이 흘렀습니다. 10년이면 강산이 변한다고 했듯이 그동안 한국과 중국은 사람들의 의식뿐만 아니라, 사회·문화·경제적으로 많은 변화를 겪었습니다. 이러한 변화는 언어의 내용과 형식에 반영되기 마련이므로, 이를 최대한 반영하고 구성과 내용을 새롭게 단장하여 개정판을 출판합니다. 앞으로 본 서와 함께하는 여러분의 중국어 학습 여정이 항상 즐겁고 유쾌하길 바라고, 그 과정에서 여러분의 중국어도 끊임없는 발전이 있길 기대합니다.

박정구　매니리　马雯娜　肖颖

3

이 책의 구성과 활용법

본책

단어 시작이 반이다

각 과의 새 단어를 빠짐 없이 순서대로 제시하여, 회화를 배우기 전에 더욱 효과적으로 단어를 학습할 수 있도록 했습니다.

문장 리듬을 만나다

중국어는 강약과 템포가 살아 있는 운율 언어입니다.
'문장, 리듬을 만나다'는 각 과의 주요 문장을 강세와 띄어 읽기로 중국어의 운율을 살려 리듬감 있게 낭독할 수 있도록 하는 데 초점을 두었습니다.
제1강세, 제2강세, 띄어 읽기를 통해 리듬을 느끼며 문장을 익혀 보세요.

회화 내 입에서 춤추다

자연스러운 베이징식 구어 표현과 실용 회화를 배울 수 있는 핵심 본문입니다. 본문 내용이 연상되는 삽화와 함께 학습할 수 있도록 하였고 본문 하단의 '아하! 그렇구나'에서는 난해한 표현들을 쉽게 이해할 수 있도록 주석을 제시했습니다. 또한 회화 내용을 단문으로 정리해 독해 능력과 말하기 능력을 동시에 키울 수 있도록 했습니다.

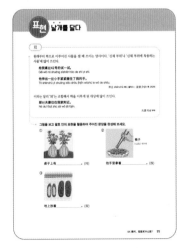

표현 날개를 달다

중급 수준의 회화에서 다루어야 할 어법 사항들을 간결한 설명, 풍부한 예문과 함께 제시하여 학습자들이 쉽게 이해할 수 있도록 했습니다. 또한 배운 어법 내용을 바로 습득할 수 있는 확인 문제들이 제시되어 있습니다.

회화 가지를 치다

각 과의 핵심이 되는 주요 문장으로 교체 연습을 할 수 있는 코너입니다. 줄기에서 여러 개의 가지가 자라듯 기본 문장과 교체 단어를 이용해 여러 표현으로 말하는 연습을 할 수 있습니다.

연습 실력이 늘다

각 과에서 배운 핵심 표현을 이해하고 연습할 수 있는 듣기·말하기·읽기·쓰기의 다양한 문제들이 제시되어 있습니다. 특히 한국인 학습자들이 많이 취약한 듣기와 말하기 기능을 집중적으로 훈련할 수 있도록 했습니다.

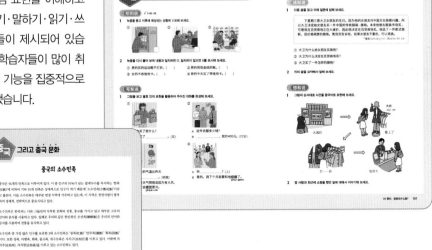

중국 그리고 중국 문화

변화하는 중국의 다양하고 생생한 이야기가 사진과 함께 제시되어 있습니다.

워크북

예습하기

수업에 들어가기 앞서 본문에서 나오는 단어를 써 보며 예습하는 코너
입니다. 여러 번 쓰고 발음해 보는 연습 과정을 통해 단어를 쉽게 암기
할 수 있습니다.

복습하기

배운 내용을 복습하는 코너로, 각 과
에서 배운 내용을 문제 형식으로 풀어
보며 단어·듣기·어법·독해·작문 실
력을 골고루 향상시킬 수 있습니다.

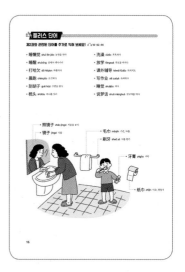

플러스 단어

각 과의 내용과 관련된 확장 단어를 배우는 코너입니다. 어휘량을 늘
려 더 자유로운 회화 표현을 구사할 수 있습니다.

* 워크북의 정답 및 녹음 대본은 다락원 홈페이지(www.darakwon.co.kr)의 '학습자료 ▶ 중
국어'에서 다운로드할 수 있습니다.

MP3 다운로드

* 녹음 해당 부분에 MP3 트랙 번호가 기재되어 있습니다.
  본책 🎧 05-03　워크북 🎧 W-05-03

* 교재의 MP3 음원은 '다락원 홈페이지(www.darakwon.co.kr)'를 통해서 무료로 다운로
  드할 수 있습니다.

* 스마트폰으로 QR코드를 스캔하면 MP3 다운로드 및 실시간 재생 가능한 페이지로 바로
  연결됩니다.

차례

	학습 내용	핵심 표현	중국 그리고 중국 문화

01 请问，您怎么称呼? Qǐngwèn, nín zěnme chēnghu?
실례합니다만, 성함이 어떻게 되시나요?　　19

- 행위의 목적 표현
- 원인과 결과 표현
- 동시 동작 표현

- 一会儿
- 以为……
- 虽然……，但是……
- 为了……
- 因为……，所以……
- 一边……，一边……

- 애완동물의 천국, 중국

02 早上在便利店打工。 Zǎoshang zài biànlìdiàn dǎgōng.
아침에는 편의점에서 아르바이트를 해.　　33

- 동작·상태의 완료 표현
- 比를 이용한 비교 표현
- 동작의 선후 관계 표현
- 반문 표현

- 已经……了
- 比……多了
- ……了……就
- 不是……吗?
- 或者……，或者……
- 有时……，有时……

- 또 하나의 중국, 화교 사회

03 这个学期我们努力学习吧! Zhè ge xuéqī wǒmen nǔlì xuéxí ba!
이번 학기에 우리 열심히 공부하자!　　47

- 반박 표현
- 동아리 활동과 관련된 표현
- 수업 과목과 관련된 표현
- 추측·평가를 나타내는 표현

- ……什么!
- 可
- 光
- ……起来
- 不管……

- 중국의 남녀평등의 현주소

04 我是篮球迷。 Wǒ shì lánqiúmí. 나는 농구광이야.　　61

- 운동 경기와 관련된 표현
- 没有를 이용한 비교 표현
- 不如를 이용한 비교 표현

- 没有……那么/这么……
- 等……
- 咱们
- A不如B
- 因此

- 중국의 신화

7

다락원 중국어 마스터 시리즈의 특징

국내 최고 교수진의 다년간의 교수 경험을 바탕으로 개발된, 한국인을 위한 중국어 학습 교재의 결정체 『다락원 중국어 마스터』의 최신개정판! 기존의 『다락원 중국어 마스터』의 특장점은 유지하면서 시대의 흐름과 변화를 반영했고, 학습자의 눈높이에 맞춰 새단장했습니다.

특징 1 듣기와 말하기 기능을 집중적으로 훈련

『최신개정 다락원 중국어 마스터』 시리즈는 변화하는 중국어 학습 환경과 학습법을 효과적으로 접목시켜, 말하기·듣기·읽기·쓰기의 네 가지 언어 기능을 통합적으로 습득할 수 있도록 구성했습니다. 특히 듣기와 말하기 기능을 집중 훈련할 수 있도록 본문 전체에 걸쳐 다양한 장치를 두었으며, 자연스러운 베이징식 구어 표현을 최대한 담아낼 수 있도록 했습니다.

특징 2 일상생활에 바로 활용할 수 있도록 실용성 강조

배운 문장을 실생활에 바로 사용할 수 있도록 실용성에 많은 비중을 두고 집필되었습니다. 즉 일상생활·학습·교제 등에 직접적으로 연관되는 내용을 중심으로 본문이 구성되었으며, 어법 설명의 예문이나 연습문제 역시 일상 회화표현 중에서 엄선했습니다. 본문의 어휘는 중국인이 많이 사용하는 빈도수를 최대한 고려하여 배치했습니다.

특징 3 한국인을 대상으로 하는, 강의에 적합한 교재로 개발

학습자들의 언어 환경이 한국어인 점을 고려하여 듣고 말하기를 충분히 반복하고 응용할 수 있는 코너를 다양하게 두었습니다. 또한 어법을 난이도에 따라 배치하고, 앞에서 학습한 어휘와 어법을 뒷과에서 반복하여 등장시킴으로써 학습자들이 무의식중에 자연스럽게 앞서 배운 내용을 복습할 수 있도록 했습니다.

다락원 중국어 마스터 시리즈의 **어법 및 표현 정리**

★ 중국어 입문부터 시작하여 고급중국어를 구사하기까지 학습자의 든든한 멘토가 되어 줄 『최신개정 다락원 중국어 마스터』! STEP 1부터~STEP 6까지 총6단계의 시리즈를 통해 배우게 될 주요 어법 및 표현을 예문과 함께 정리했습니다.

STEP 1

01과
- a o e i(-i) u ü
- b p m f d t n l
- g k h j q x
- z c s zh ch sh r

02과
- ai ao ei ou
- an en ang eng ong

03과
- ia ie iao iou(iu)
- ian in iang ing iong
- üe üan ün

04과
- ua uo uai uei(ui)
- uan uen(un) uang ueng
- er

05과
- 是자문 我是中国人。
- 개사 在 我在银行工作。
- 인칭대사 我 / 你 / 他

06과
- 중국어 숫자 표현 一 / 二 / 三……
- 양사 一个妹妹
- 有자문 我有弟弟。
- 나이를 묻는 표현 你今年几岁?
- 多+형용사 你今年多大?

07과
- 시각의 표현 2:05 → 两点五分
- 년, 월, 일, 요일 표현 今年 / 下个月 / 星期一
- 명사술어문 现在不是三点十分。
- 조사 吧 他有弟弟吧?

09과
- 런민삐 읽는 방법 2.22元 → 两块二毛二
- 정반(正反)의문문 有没有别的颜色的?
- 조동사 我要学汉语。

10과
- 시태조사 过 他没来过我家。
- 조동사 会, 想 我会做中国菜。/ 我想去中国。
- 연동문 我们一起去玩儿吧。

11과
- 겸어문 你请他打电话吧!
- 개사 给 我想给他买一本书。

12과
- 방위사 前边有一个公园。
- 존재문(有, 在, 是) 我家后边有一个银行。

13과
- 比 비교문 今天比昨天热。
- 감탄문 这件衣服真漂亮啊!
- 不用 不用客气!
- 听说 听说她很漂亮。

14과
- 선택의문문 你要这个还是那个?
- 개사 离 我家离这儿很远。
- 从A到B 我从八点到十二点上课。
- 如果 如果你来韩国, 我一定带你去。

- 或者……，或者……
  或者在家看电视，或者出去和朋友们一起玩儿。
- 有时……，有时……
  这儿的天气真奇怪，有时冷，有时热。

03과
- 什么！ 看电影，哭什么！
- 可 我可没说过我喜欢你呀！
- 光 我们光谈学校生活了，没谈别的。
- 起来 看起来，你这个学期也并不轻松。
- 不管 不管刮风还是下雨，我们都要去。

04과
- 没有……那么 / 这么……
  我打得没有你那么好。
- 等 等他来了再说吧。
- 咱们 咱们打一场，怎么样？
- A不如B 我的汉语不如他好。
- 因此
  我跟他在一起十年了，因此很了解他的性格。

05과
- 看上去 叔叔、阿姨看上去很慈祥。
- 出来 我听出来了，他是东北人。
- ……是……，不过……
  我们外表像是像，不过性格完全不同。
- 却 我学了三年汉语，水平却不高。
- 一……，就……
  天气一冷，我就不想出去。

06과
- 双 给我拿双42号的试一试。
- 不怎么 我不怎么喜欢这种款式的。
- 打……折 原价400元，打八折，现价320元。
- 稍微 这张桌子比那张桌子稍微大一些。
- 上 为什么这么多人都会喜欢上他呢？

08과
- 谁都 谁都知道，这是垃圾食品。
- 连……都…… 我连菜谱都能背下来了。
- 既然 既然你病了，就在家里休息吧。
- ……什么，……什么 你吃什么，我就吃什么。
- 起来 现在是午餐时间，人开始多起来了。

09과
- 不但不 / 没……，反而……
  不但没好，病情反而更加严重了。
- 再……也……
  再忙也不能不顾身体呀！
- 不然……
  最好住院，不然病情很有可能恶化。
- 对……进行……
  他对中国文化进行了十年的研究。
- 只好 外边下雨，我们只好待在家里。

10과
- 正要 真是太巧了，我正要给你打电话呢。
- 怎么也 这个箱子太重了，怎么也搬不动。
- 万一 / 如果
  万一他关机，我跟他联系不上，可怎么办？
- 来着
  我们昨天见的那个中国人，叫什么名字来着？
- 到时候 到时候，我们不见不散。

11과
- 偏偏
  这个时间车堵得很厉害，可他偏偏要开车去。
- 不但……，而且……
  她不但长得很漂亮，而且很聪明。
- 可……了 哎哟，这可糟了，坐过站了。
- 该 现在我们该怎么办呢？
- 就是……，也…… 就是堵车，我也坐公交车。

12과
- 往 这列火车开往北京。
- 按照 按照规定一个星期就能到。
- 说不定 他发烧了，说不定明天不能来上课。
- 既……，也…… 这件衣服既很漂亮，也很便宜。
- 正好 你来得正好。

13과
- 多 他已经三十多岁了。
- 不是……，就是……
  我每天不是学校就是宿舍，没去过什么地方。
- 没……什么…… 今天我上街，没买什么。
- 顺便 如果顺便去趟上海，恐怕要八九天。
- 与其……，不如……
  与其在这儿等，不如去找他。

01과

- 要么……，要么……
  我俩要么去看电影，要么去旅行，可有意思啦!

- 好
  平时书包里放把雨伞，下雨的时候好用。

- A就A(吧)
  他不高兴就不高兴吧，我也没办法。

- 只有……才……
  只有他来才能解决这个问题。

- 就
  别人都有了自己的心上人，就我还是孤单一人。

02과

- 显得……　他今天显得特别高兴。

- 是不是　是不是他告诉你的?

- 不妨　你跟我们一起去也不妨。

- 着呢　小明新烫的发型漂亮着呢。

- 要不
  这倒也是，天气越来越热，要不我也剪个短发?

03과

- ……来……去
  我问来问去，不知不觉就学会修理了。

- 有+명사+동사
  他有能力解决这个问题。

- 到底
  你的电脑到底有什么问题?

- 好不容易
  去了好几家书店好不容易才买到那本书。

- 非得……不可
  以后电脑出了故障，非得找你不可啦。

04과

- 동목이합사　我们见过一次面。

- 连A带B　连钱包带护照都丢了。

- 除非……，否则……
  除非他来请我，否则我不会去的。

- 倒是……，只是……
  他倒是很善良，只是没有勇气。

- 이중목적어문　能不能借我点儿钱?

05과

- 表示……
  我早就想对你们的帮助表示感谢。

- 以A为B
  在我心中早就以北京为我的第二故乡了。

- 以便
  我们应该提前通知大家，以便大家做好准备。

- 人家
  你让我休息一会儿吧，人家都要累死了。

- 동사+下
  这个书包能装下这些词典。

06과

- 又　天气预报又不是那么准。

- 从来　这种事我从来没听说过。

- 从……起　从下周起放暑假。

- 以防
  从今天起我得在书包里放一把小雨伞，以防万一。

- 差点儿　我差点儿把钱包丢了。

08과

- 기간+没/不……
  两个月没见，你怎么发福了?

- ……也好，……也好
  跑步也好，爬山也好，多做一些有氧运动吧。

- ……下去
  你再这样胖下去，可不行。

- 必须
  你必须改变一下你的饮食习惯。

- 尽量
  晚饭不要吃得太晚，尽量少吃零食。

09과

- 竟然
  他学习那么认真，没想到竟然没考上大学。

- 동사+着
  说着中国菜，肚子还真有点儿饿。

- 往
  请大家往右看，那家就是北京书店。

- 동사+成
  云能变成雨，所以天上有云才会下雨。

- 够……的
  今年北京的夏天可真够热的。

10과

- **비술어성 형용사**
  显示屏不小，也很薄，是新型的吧?

- **随着**
  人们的思想随着社会的变化而变化。

- **嘛**
  有手机就可以坐车，也可以买东西嘛。

- **别提……**
  拍出的照片别提多清晰了!

- **难道**　难道你想和我的距离变远吗?

11과

- **哪怕……，也……**
  哪怕没看过的人，也都知道《大长今》这个韩剧。

- **就**
  参加这次活动的人不少，光我们班就有八个。

- **上下**
  听说土耳其的收视率在95%上下。

- **在……上**
  在这个问题上，我同意他的意见。

- **值得**　汉江公园值得一去。

12과

- **肯……**　不知你是否肯去银行工作?

- **宁可A也不B**
  宁可少挣点儿去贸易公司，也不想去银行。

- **任何**
  任何事都不能强求。

- **何必……呢?**
  你肯定能找到好工作，何必这么谦虚呢?

- **只不过……罢了**
  上次只不过是运气不好罢了。

13과

- **以来**
  今年年初以来，我已经去过中国六次了。

- **再……不过了**
  那可再好不过了。

- **难得**
  难得你为我想得那么周到，真太谢谢你了。

- **……过来**
  把"福"字倒过来贴。

- **不是A，而是B**
  他说的那个人不是雨林，而是我。

01과

- **先……，然后……**
  你等着，我先看，然后再给你看。

- **经**　他的小说是经我翻译出版的。

- **没少**　北京市这些年可没少盖房。

- **尽管**　如果你需要，尽管拿去用吧。

02과

- **跟……相比**
  样子跟乌龙茶相比，尖尖的、怪怪的。

- **还是**
  今天有点儿热，我们还是喝冰咖啡吧。

- **동사＋个＋형용사/동사**
  大家不仅要"吃个饱"，还要"喝个够"。

- **不……不……也得……吧**
  这盒巧克力是女朋友给我买的，不吃不吃也得尝一口吧。

03과

- **少说也**　我戴眼镜，少说也有十年了。

- **양사(量词)의 중첩**　道道菜都精致、可口。

- **……惯**　很多韩国人都吃不惯香菜。

- **什么……不……的**
  什么时髦不时髦的，衣服能穿就行了。

04과

- **从……来看**　从这一点来看，他的看法有问题。

- **不见得**　通过血型不见得就能断定一个人的性格。

- **说不定**
  你以为他不对，但说不定他说得没错。

- **反而……**
  他见到我，不但不高兴，反而向我发脾气。

05과

- **……不得了**
  没想到，你对汉妮真的爱得不得了。

- **被……所……**
  老师深深地被这些学生所感动。

- **省得**　多穿点儿衣服，省得感冒。

- **这不**
  他们俩好像吵架了，这不，他们一前一后地走着，
  一句话也不说。

15

07과

- **在⋯⋯看来**
  在他看来，这件事不应该这么办。

- **在于⋯⋯**
  我觉得"美"并不在于一个人的外貌。

- **长⋯⋯短⋯⋯**
  有些人只重视外表，每天长打扮短打扮的，却很少注重内心的修养。

- **莫非** 莫非我听错了不成？

08과

- **趁⋯⋯**
  日子就订在国庆节，趁放长假正好去度蜜月。

- **⋯⋯齐**
  电视、冰箱、洗衣机这"三大件"都买齐了？

- **少不了**
  结婚那天少不了彩车、酒席和摄像。

- **别说A，就(是)B也 / 都**
  我到现在一直忙工作，别说早饭，就是午饭也没顾得上吃。

09과

- **⋯⋯来** 他今天走了六里来路。

- **형용사+비교 대상** 他小马玲两岁。

- **该多⋯⋯啊**
  如果你不离开这儿该多好哇！

- **⋯⋯吧⋯⋯，⋯⋯吧⋯⋯**
  在家吧，一个人没意思，出去玩儿吧，外边又太冷。

10과

- **一⋯⋯比一⋯⋯**
  雨一阵比一阵大，我们快走吧。

- **对⋯⋯来说**
  对韩国人来说，过年的时候互相拜年是必不可少的活动。

- **每**
  每到春节，我都回家乡。

- **至于⋯⋯**
  他们离婚了，至于他们为什么离婚，谁也不知道。

11과

- **多+동사+비교 수량**
  我觉得中国男人比韩国男人多做不少家务。

- **再⋯⋯也⋯⋯**
  你再怎么劝，他也不会听的。

- **否则⋯⋯**
  我们有家务一起干，否则会很容易引起家庭矛盾。

- **一来⋯⋯，二来⋯⋯**
  他每天放学后，都会去打工。一来是为了挣点儿钱，二来是为了开阔眼界。

STEP 6

01과

- **直**
  听了孩子说的这些话，我直想哭。

- **甚至**
  他抓紧一切时间写作，甚至连放假期间都不肯休息。

- **一旦⋯⋯(就)**
  人们都认为一旦名字没起好就会影响人一生的命运。

- **于**
  青藏高原位于中国的西南部。

02과

- **所谓⋯⋯**
  所谓"炎黄"就是指炎帝和黄帝。

- **好比⋯⋯**
  这就好比韩国的"檀君神话"。

- **⋯⋯下来**
  这是韩国自古流传下来的神话。

- **之所以⋯⋯**
  他之所以跳槽，是因为跟科长合不来。

03과

- **还⋯⋯呢**
  你还中国通呢，怎么连这都不知道？

- **各有各的⋯⋯**
  看起来，每个国家都各有各的特色。

- **受⋯⋯**
  受领导宠信或重用的人叫"红人"等等。

- **则**
  说起来容易，做起来则没那么容易。

04과

- **要A有A，要B有B**
  我女朋友要外貌有外貌，要人品有人品。

- **再说**
  再说男人和女人的眼光不一样。

- 未必……
  男人觉得漂亮的，女人未必就喜欢。

- 不至于……
  不至于有这么多讲究吧。

05과

- 由
  京剧中的女主角都是由男人扮演的。

- 为(了)……起见
  为了保险起见，我还特意在网上订了两张票。

- 用以
  他举了几个例子，用以证明他的观点。

- 使得
  其动作之敏捷，使得观众无不为之惊叹、喝彩。

07과

- 在……下
  这篇论文是在朴教授的指导下完成的。

- ……就是了
  少林寺诵经拜佛就是了，为什么还练武术？

- 一肚子
  他一肚子火没地方发。

- ……也是……不如
  今年暑假我们俩闲着也是闲着，不如一起去少林寺看看怎么样？

08과

- 时……时……
  沙漠的气候时冷时热，变化无常。

- 直到……
  千佛洞直到1900年才被世人发现。

- 白……
  闹半天，我白说了这么多，原来是"班门弄斧"。

- 何况
  连你都知道这么多，更何况你表哥呢。

09과

- 要说
  要说他的这辆老爷车，的确不省油。

- 可见
  可见西安、洛阳、南京和北京不失为中国的"四大古都"。

- ……不过
  要说中国的历史，恐怕谁都说不过你。

- 명사구+了
  瞧你说的，这都什么时代了。

10과

- 发……
  我听别的古诗头会发晕。

- ……似的
  李白的诗的确别有风韵，听了他的诗就仿佛身临其境似的。

- A有A的……，B有B的……
  国有企业和乡镇企业大有大的难处，小有小的优势。

- 何尝
  我何尝去过那样的地方？

11과

- 才……又……
  我才学会了一点儿普通话，难道又要学广东话？

- 没什么……
  谢天谢地，普通话只有四个声调，这回我可没什么不满可言了。

- 大／小+양사
  这么一小间屋子怎么能住得下五个人？

- 不免
  今年雨下得特别多，庄稼不免受了很大影响。

17

일러두기

★ **이 책의 고유명사 표기는 다음과 같습니다.**

① 중국의 지명·건물·기관·관광 명소의 명칭 등은 중국어 발음을 한국어로 표기하는 것을 원칙으로 하였습니다. 단, 우리에게 널리 알려진 고유명사의 경우에는 한자 발음으로 표기했습니다. 예 北京 → 베이징   兵马俑 → 병마용

② 인명의 경우, 각 나라에서 실제 읽히는 발음을 기준으로 하여 한국어로 그 발음을 표기했습니다. 예 李正民 → 이정민   大卫 → 데이빗

★ **중국어의 품사는 다음과 같이 약자로 표기했습니다.**

명사	명	개사	개	감탄사	감	지시대사	대
동사	동	고유명사	고유	접두사	접두	어기조사	조
부사	부	형용사	형	접미사	접미	시태조사	조
수사	수	조동사	조동	인칭대사	대	구조조사	조
양사	양	접속사	접	의문대사	대		

★ **주요 등장인물**

이정민
李正民
한국인
베이징 대학교
중문과 4학년

데이빗
大卫
미국인
전직 은행원
중국 어학연수 중

김민호
金敏浩
한국인
현직 은행원
중국 파견 근무 중
이정민 고교 동창

자오량
赵亮
중국인
대학생

리우샤오칭
刘小庆
중국인
대학생

왕따밍
王大明
중국인
대학생

请问，
您怎么称呼?

실례합니다만, 성함이 어떻게 되시나요?

이 과의 학습 목표

1 행위의 목적 표현

2 원인과 결과 표현

3 동시 동작 표현

- 刚 gāng (부) 막, 방금

- 同屋 tóngwū (명) 룸메이트

- 称呼 chēnghu (동) ~라고 부르다

- 正确 zhèngquè (형) 정확하다, 틀림없다

- 人民 rénmín (명) 인민, 국민

- 时候 shíhou (명) 때, 시각, 무렵

- 高中 gāozhōng (명) 고등학교
= 高级中学 gāojí zhōngxué

- 同学 tóngxué (명) 학교 친구

- 毕业 bìyè (명) 졸업 (동) 졸업하다

- 后 hòu (명) 뒤, 후

- 中文系 Zhōngwén xì (명) 중문과

- 年级 niánjí (명) 학년

- 怪不得 guàibude (부) 과연, 어쩐지

- 过奖 guòjiǎng
(동) 과분한 칭찬입니다, 과찬이십니다

- 为什么 wèishénme
(부) 왜, 무엇 때문에, 어째서

- 本来 běnlái (부) 본래, 원래

- 虽然 suīrán
(접) 비록 ~하지만, 설령 ~일지라도

- 不少 bùshǎo (형) 적지 않다, 많다

- 为了 wèile (개) ~하기 위하여

- 自我 zìwǒ (명) 자아, 자신

- 开发 kāifā (동) (인재나 기술 등을) 개발하다,
(자연 자원을) 개발하다

- 辞职 cízhí (동) 사직하다, 직장을 그만두다

- 读书 dúshū (동) 공부하다, 학습하다

- 进修 jìnxiū (동) 연수하다

- 因为 yīnwèi (접) 왜냐하면

- 经济 jīngjì (명) 경제

- 市场 shìchǎng (명) 시장

- 一边 yìbiān (부) 한편으로 ~하면서 또 한편으
로 ~하다, ~하면서 ~하다

제1강세, 제2강세, 띄어 읽기로 리듬을 느끼며 다음 문장을 익혀 보세요. 🎧 01-02

1

他刚出去, // 一会儿 / 就回来。

Tā gāng chūqu, yíhuìr jiù huílai.

그는 막 외출했는데, 잠시 후에 곧 돌아올 겁니다.

2

原来 // 你是 / 韩国人, /// 我还以为 // 你是 / 中国人呢。

Yuánlái nǐ shì Hánguórén, wǒ hái yǐwéi nǐ shì Zhōngguórén ne.

알고 보니 당신은 한국인이었군요. 저는 당신이 중국인인 줄 알았어요.

3

为了 / 自我开发, // 我辞职 / 来到了中国。

Wèile zìwǒ kāifā, wǒ cízhí láidào le Zhōngguó.

자기 개발을 위해서 저는 사직을 하고 중국에 왔어요.

4

今天 // 正民来敏浩的宿舍 / 找他, /// 可是 / 他不在。

Jīntiān Zhèngmín lái Mǐnhào de sùshè zhǎo tā, kěshì tā bú zài.

오늘 정민이는 민호를 만나러 민호의 기숙사에 왔으나, 그는 없었다.

5

李正民 / 一边等他, // 一边和大卫 / 一起聊天。

Lǐ Zhèngmín yìbiān děng tā, yìbiān hé Dàwèi yìqǐ liáotiān.

이정민은 그를 기다리면서, 데이빗과 이야기를 나누었다.

1 .... 🎧 01-03

이정민 请问，是金敏浩的房间吗？
Qǐngwèn, shì Jīn Mǐnhào de fángjiān ma?

데이빗 他刚出去，一会儿就回来。
Tā gāng chūqu, yíhuìr jiù huílai.

我是他的同屋，请进来等吧。
Wǒ shì tā de tóngwū, qǐng jìnlai děng ba.

이정민 请问，您怎么称呼？
Qǐngwèn, nín zěnme chēnghu?

데이빗 我叫大卫，我是美国人。
Wǒ jiào Dàwèi, wǒ shì Měiguórén.

이정민 我是韩国人，我叫李正民，木子李，正确的正，
Wǒ shì Hánguórén, wǒ jiào Lǐ Zhèngmín, mùzi Lǐ, zhèngquè de zhèng,

人民的民。
rénmín de mín.

데이빗 你和敏浩是什么时候认识的？
Nǐ hé Mǐnhào shì shénme shíhou rènshi de?

이정민 我们是高中同学，高中毕业后我来北京学习，
Wǒmen shì gāozhōng tóngxué, gāozhōng bìyè hòu wǒ lái Běijīng xuéxí,

现在是北大中文系四年级的学生。
xiànzài shì Běi Dà Zhōngwén xì sì niánjí de xuésheng.

데이빗 怪不得❶你的汉语那么好。原来❷你是韩国人，
Guàibude nǐ de Hànyǔ nàme hǎo. Yuánlái nǐ shì Hánguórén,

我还以为你是中国人呢。
wǒ hái yǐwéi nǐ shì Zhōngguórén ne.

이정민　过奖，过奖❸。您为什么来中国学习呢？
Guòjiǎng, guòjiǎng. Nín wèishénme lái Zhōngguó xuéxí ne?

데이빗　我本来在银行工作，虽然挣得不少，
Wǒ běnlái zài yínháng gōngzuò, suīrán zhèng de bù shǎo,

但是为了自我开发，我辞职来到了中国。
dànshì wèile zìwǒ kāifā, wǒ cízhí láidào le Zhōngguó.

 아하! 그렇구나!

❶ 怪不得: '어쩐지'라는 의미로, 원인이나 이유를 알게 되어 더 이상 이상하게 여기지 않음을 나타낸다.
❷ 原来: '알고 보니'라는 뜻으로, 예전에 몰랐던 사실을 새롭게 알게 되었음을 표현할 때 쓰인다.
❸ 过奖: 상대방의 칭찬에 대해서 겸손하게 대답하는 표현이다. '过奖，过奖。'이라고 반복하거나, '您过奖了。'
　라고 표현한다.

金敏浩和李正民是韩国人，他们是高中同学。
Jīn Mǐnhào hé Lǐ Zhèngmín shì Hánguórén, tāmen shì gāozhōng tóngxué.

正民现在在北大读书。敏浩今年二月来中国进修❹
Zhèngmín xiànzài zài Běi Dà dúshū.　Mǐnhào jīnnián èr yuè lái Zhōngguó jìnxiū

汉语。大卫是敏浩的同屋。因为他对中国的经济很
Hànyǔ.　Dàwèi shì Mǐnhào de tóngwū.　Yīnwèi tā duì Zhōngguó de jīngjì hěn

感兴趣❺，所以来到❻北京学习市场经济。今天正民
gǎnxìngqù,　suǒyǐ láidào Běijīng xuéxí shìchǎng jīngjì.　Jīntiān Zhèngmín

来敏浩的宿舍找他，可是他不在，所以正民一边等他，
lái Mǐnhào de sùshè zhǎo tā,　kěshì tā bú zài,　suǒyǐ Zhèngmín yìbiān děng tā,

一边和大卫一起聊天。
yìbiān hé Dàwèi yìqǐ liáotiān.

 아하! 그렇구나!

- ❹ 进修: 일정 기간 전문 지식에 관한 교육을 받는 것을 가리킨다. 외국인이 중국에서 정규 학위 과정이 아니라 단기 또는 장기로 교육 기관에서 언어 교육을 받는 경우도 '进修'란 표현을 쓴다.
- ❺ 对……感兴趣: '~에 대해 흥미를 갖다'라는 표현이다.
- ❻ 来到: 서면어나 공식적인 어투에 많이 쓰는 표현으로 '来'와 같은 의미이다.

표현 날개를 달다

一会儿

'一会儿'이 동사의 앞쪽에 오면 '잠시 후에'라는 뜻을 나타낸다. 바로 뒤에 부사 '就'를 함께 써서 시간이 얼마 지나지 않았음을 부각시킨다.

别那么着急，地铁一会儿就到。
Bié nàme zháojí, dìtiě yíhuìr jiù dào.

他跑得很快，一会儿就追上了我们。
Tā pǎo de hěn kuài, yíhuìr jiù zhuīshang le wǒmen.

着急 zháojí 조급해하다, 안달하다 | 追上 zhuīshang 따라잡다

동사의 뒤쪽에 '一会儿'이 오면 동작 행위가 잠깐 동안 진행됨을 나타내거나, 동작이 완료된 후 약간의 시간이 지났음을 나타낸다.

你坐下休息一会儿吧!
Nǐ zuòxia xiūxi yíhuìr ba!

小王刚走一会儿，小李就来了。
Xiǎo Wáng gāng zǒu yíhuìr, Xiǎo Lǐ jiù lái le.

刚 gāng 지금, 막, 바로

'一会儿'이 들어갈 위치를 찾아 보세요.

① 我们 ⓐ 就 ⓑ 到 ⓒ 北京站了。

② 时间还早呢，ⓐ 进来 ⓑ 坐 ⓒ 吧。

③ 我的书 ⓐ 怎么 ⓑ 就 ⓒ 不见了。

以为……

'以为……'는 '~라고 여겼는데 아니다'라는 부정적인 어기를 가지며, 일반적으로 사실을 잘못 알고 있었음을 나타내는 데 많이 쓰인다.

原来他是从上海来的，我还以为他是从北京来的呢。
Yuánlái tā shì cóng Shànghǎi lái de, wǒ hái yǐwéi tā shì cóng Běijīng lái de ne.

人们以前都以为地球才是宇宙的中心。
Rénmen yǐqián dōu yǐwéi dìqiú cái shì yǔzhòu de zhōngxīn.

地球 dìqiú 지구 | 宇宙 yǔzhòu 우주 | 中心 zhōngxīn 중심, 한가운데

'认为'는 '以为'와 달리 긍정적 판단만을 나타낸다.

你认为我懂汉语，其实我一句汉语也不会说。(×)

我们都认为他做代表比较合适。(○)
Wǒmen dōu rènwéi tā zuò dàibiǎo bǐjiào héshì.

代表 dàibiǎo 대표, 대표자 | 合适 héshì 적당하다, 알맞다

빈칸에 '以为'나 '认为' 중 알맞은 단어를 넣어 보세요.

① 我还_____他会高兴呢，没想到他那么生气。
　　　　　　　　　　　　　　　　　　　　shēngqì 화내다

② 我_____你想跟我们一起去参观，原来你根本不想去。
　　　　　　　　　　　　　　　　cānguān 참관하다　　gēnběn 전혀

③ 大家都_____他是今年最杰出的学者。
　　　　　　　　　　　　　　　jiéchū 뛰어나다　xuézhě 학자

④ 人们都_____中国是一个人口大国。
　　　　　　　　　　　　　　　　　　rénkǒu 인구

虽然……，但是……

두 개의 절을 연결하여 '비록 ~하지만, ~하다'라는 뜻을 나타낸다.

虽然我的房间不大，但是很干净、很整齐。
Suīrán wǒ de fángjiān bú dà, dànshì hěn gānjìng, hěn zhěngqí.

虽然谁都没告诉他，但是他已经知道那是怎么回事了。
Suīrán shéi dōu méi gàosu tā, dànshì tā yǐjīng zhīdao nà shì zěnme huí shì le.

整齐 zhěngqí 질서 있다, 깔끔하다

'虽然……，但是……'를 이용하여 그림의 상황을 표현해 보세요.

①

我来中国的目的是
为了学习汉语……

②

③

她虽然只学了三个月的
汉语，但是_____。

_____，
_____他还没睡。

李正民_____，
_____她考得不好。

为了……

'~하기 위해서'의 뜻으로 행위의 목적을 나타낸다. '为了'가 이끄는 절은 주절의 앞에 오지만, 동사의 뒤에 와서 '……是为了……'의 형식으로도 쓰인다.

为了能赶上火车，他一大早就出门了。
Wèile néng gǎnshàng huǒchē, tā yí dàzǎo jiù chū mén le.

我来中国的目的是为了学习汉语、了解中国文化。
Wǒ lái Zhōngguó de mùdì shì wèile xuéxí Hànyǔ、liǎojiě Zhōngguó wénhuà.

赶上 gǎnshàng 시간에 대다 ㅣ 文化 wénhuà 문화

두 개의 문장을 '为了'를 써서 하나의 문장으로 표현해 보세요.

① 她想去中国旅行。她认真学习汉语。　　　→ _____，她认真学习汉语。

② 他想找到好工作。他努力学习。　　　　　→ _____，他努力学习。

③ 大卫想买一本英语词典。大卫去了新华书店。→ _____，大卫去了新华书店。

因为……，所以……

원인을 나타내는 종속절과 결과를 나타내는 주절을 연결할 때 이 표현을 쓴다.

因为今天天气很冷，**所以**我穿了不少。
Yīnwèi jīntiān tiānqì hěn lěng, suǒyǐ wǒ chuān le bù shǎo.

因为他是我们的朋友，**所以**我们应该帮助他。
Yīnwèi tā shì wǒmen de péngyou, suǒyǐ wǒmen yīnggāi bāngzhù tā.

应该 yīnggāi 마땅히 ~해야 한다 | 帮助 bāngzhù 돕다

그림을 보고 다음 문장을 완성해 보세요.

①

因为＿＿＿＿＿＿，
所以我们在家休息。

②

因为＿＿＿＿＿＿，
所以敏浩去医院看病。
kànbìng 진찰을 받다

③

因为＿＿＿＿＿＿，
所以我想去游泳。

一边……，一边……

'한편으로 ~을 하면서, 다른 한편으로는 ~을 하다'라는 뜻으로, 두 가지 동작을 동시에 함을 나타낸다.

我们**一边**工作，**一边**学习。
Wǒmen yìbiān gōngzuò, yìbiān xuéxí.

他**一边**和我们握手，**一边**亲切地说："你们辛苦了！"
Tā yìbiān hé wǒmen wòshǒu, yìbiān qīnqiè de shuō: "Nǐmen xīnkǔ le!"

握手 wòshǒu 악수하다 | 亲切 qīnqiè 친절하다

'一边……，一边……'을 이용하여 그림의 상황을 표현해 보세요.

①

金敏浩＿＿＿＿＿＿，

＿＿＿＿＿＿。

②

大卫＿＿＿＿＿＿，

＿＿＿＿＿＿。

③

李正民＿＿＿＿＿＿，

＿＿＿＿＿＿。

1 신분 소개

A 你好! 我是永达银行的职员柳雨林。
Nǐ hǎo! Wǒ shì Yǒngdá Yínháng de zhíyuán Liǔ Yǔlín.

B 认识您, 很高兴。
Rènshi nín, hěn gāoxìng.

★ 바꿔 말하기

A 韩国电视台的记者
Hánguó diànshìtái de jìzhě

大韩公司的科长
Dàhán Gōngsī de kēzhǎng

2 띠 소개

A 你是哪年出生的?
Nǐ shì nǎ nián chūshēng de?

B 我是2003年出生的, 我属羊。
Wǒ shì èr líng líng sān nián chūshēng de, wǒ shǔ yáng.

★ 바꿔 말하기

B 2006年　　　狗
èr líng líng liù nián　　gǒu

2009年　　　牛
èr líng líng jiǔ nián　　niú

> '属'는 '~띠이다'라는 뜻이다. 뒤에 오는 띠 표현으로는 '鼠 shǔ, 牛 niú, 虎 hǔ, 兔 tù, 龙 lóng, 蛇 shé, 马 mǎ, 羊 yáng, 猴 hóu, 鸡 jī, 狗 gǒu, 猪 zhū'가 있다.

 职员 zhíyuán 직원, 사무원 | 电视台 diànshìtái TV 방송국 | 记者 jìzhě 기자 | 科长 kēzhǎng 과장 | 出生 chūshēng 태어나다, 출생하다

3 출신 지역 소개

A 你是哪里人?
Nǐ shì nǎli rén?

B 我是北京人。
Wǒ shì Běijīng rén.

★ 바꿔 말하기

B 上海人
Shànghǎi rén

首尔人
Shǒu'ěr rén

> '哪里人?'은 '어느 지역 사람입니까?'라는 뜻으로 출신 지역을 물을 때 사용한다.

4 타인 소개

A 这位是谁? 请给我介绍一下。
Zhè wèi shì shéi? Qǐng gěi wǒ jièshào yíxià.

B 他是我最要好的同事赵亮。
Tā shì wǒ zuì yàohǎo de tóngshì Zhào Liàng.

★ 바꿔 말하기

B 我在上海认识的朋友
wǒ zài Shànghǎi rènshi de péngyou

我最尊敬的学哥
wǒ zuì zūnjìng de xuégē

 要好 yàohǎo 친하다, 사이가 좋다 | 尊敬 zūnjìng 존경하다 | 学哥 xuégē 학교 남자 선배

실력이 늘다

听和说 🎧 01-06

1 녹음을 듣고 대화의 장면에 해당하는 그림에 V표해 보세요.

①

②

③

2 녹음을 다시 들어 보며 내용과 일치하면 O, 일치하지 않으면 X를 표시해 보세요.

① 敏浩现在在宿舍。(　　)

② 大卫是敏浩的同屋。(　　)

③ 大卫在北大学习韩语。(　　)

④ 正民是北大的学生。(　　)

写和说

1 그림을 보고 괄호 안의 표현을 활용하여 주어진 대화를 완성해 보세요.

①

A 公交车怎么还不来?

B 别着急! 公交车

_____。(一会儿)

②

A 原来他不是中国人!

B 其实我也一直

_____。(以为)

③

A _____

我努力学习汉语。(为了)

B 怪不得, 你那么用功。

④

A 敏浩怎么没来?

B _____, 去医院看病了,

所以没来。(因为)

读和说

1 다음 글을 읽고 아래 질문에 답해 보세요.

> 　　正民和敏浩是高中同学。高中毕业后，正民来中国学习中国历史，敏浩在韩国学习企业管理。因为他的第二专业是中文系，所以今年二月敏浩也来中国进修汉语。敏浩的同屋大卫是美国人，他来学习汉语和市场经济。他们都想学好汉语、了解中国。
>
> *企业管理 qǐyè guǎnlǐ 경영학 ｜ 第二 dì'èr 제2 ｜ 专业 zhuānyè 전공

① 正民和敏浩是什么关系?

② 正民在中国学习什么?

③ 大卫为什么来中国?

2 위의 글을 요약해서 말해 보세요.

想和说

1 그림의 순서대로 사건을 중국어로 표현해 보세요.

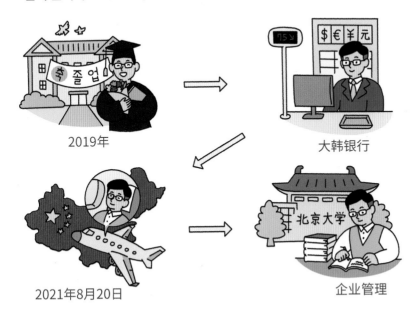

2019年

大韩银行

2021年8月20日

企业管理

北京大学

2 자신이 중국에 막 온 사람이라고 가정하고 상대방에게 자신을 소개해 보세요.

애완동물의 천국, 중국

과거에 애완동물 키우는 것을 부르주아 계급의 사치로 여겼던 중국에서 애완동물 시장은 무한한 잠재력을 가지고 급성장하고 있다. 중국의 도시 곳곳에서는 애완동물을 데리고 산책하는 사람들을 흔히 볼 수 있다. 중국에서 가장 많이 키우는 애완동물은 개이고 그 다음이 고양이이다. 이밖에도 거북이, 관상어, 토끼, 새 등을 주로 키운다.

중국의 애완동물 붐은 중국의 사회 변화와 관련이 있다. 중국의 급속한 경제 성장으로 경제적 여유가 생기고, 자녀가 하나이거나 자녀를 낳지 않는 가구가 증가하고 노령화에 따라 적적함을 달래기 위해 애완동물을 키우는 경우가 많다.

중국인은 애완동물을 가족처럼 생각하며 애완동물을 위해 아낌없이 소비한다. 중국의 애완동물 시장은 급성장하고 있으며, 사료 시장에서는 고가의 외국 브랜드가 대다수를 차지하고 있고 중국산 사료는 중저가 제품으로 시장 점유율이 높지 않다. 그 밖에도 애완동물 관련 용품, 의료, 미용 등 서비스 분야는 비교적 짧은 기간에 급격한 성장을 거듭하고 있다.

우리에게 사자개로 알려진 '짱아오(藏獒)'는 한화 80억 원에 팔리기도 하는 등 고액의 애완동물은 이제 부의 상징이기도 하다.

①, ② 사자를 닮은, 중국의 고급 애완견 짱아오

02

早上在便利店
打工。

아침에는 편의점에서 아르바이트를 해.

이 과의 학습 목표

1 동작·상태의 완료 표현

2 比를 이용한 비교 표현

3 동작의 선후 관계 표현

4 반문 표현

- 适应 shìyìng 통 적응하다

- 压力 yālì 명 스트레스

- 节 jié 양 [여러 개로 나누어진 것, 수업 시간 등을 세는 데 쓰임]

- 早上 zǎoshang 명 아침

- 便利店 biànlìdiàn 명 편의점

- 打工 dǎgōng 통 아르바이트하다, 일하다

- 当 dāng 통 담당하다, 맡다, ~이 되다

- 家教 jiājiào 명 가정교사
  = 家庭教师 jiātíng jiàoshī

- 那样 nàyàng 대 그렇게, 그렇다

- 建议 jiànyì 명 건의, 제안
  통 건의하다, 제안하다

- 想到 xiǎngdào 통 생각하다, 생각이 미치다

- 或者 huòzhě 접 ~이거나 아니면 ~이다

- 有时 yǒushí 부 경우에 따라서는, 때로는, 어떤 때

- 洗 xǐ 통 씻다, 빨다

- 打扫 dǎsǎo 통 청소하다

- 上街 shàngjiē 통 거리로 나가다

- 逛 guàng 통 거닐다, 산보하다, 구경하다

- 颐和园 Yíhéyuán 고유 이허위엔 [베이징의 황실 정원]

- 转 zhuàn 통 한가하게 돌아다니다

- 总 zǒng 부 늘, 줄곧, 언제나, 내내

- 紧张 jǐnzhāng 형 바쁘다, 긴박하다, 격렬하다

- 自己 zìjǐ 대 자기, 자신

- 事情 shìqing 명 일, 사건

제1강세, 제2강세, 띄어 읽기로 리듬을 느끼며 다음 문장을 익혀 보세요. 🎧 02-02

①

生活 // 已经适应了， /// 但学习上 / 压力太大。

Shēnghuó yǐjīng shìyìng le, dàn xuéxí shang yālì tài dà.

생활은 이미 적응이 됐지만 학업 스트레스가 너무 커.

②

下了班 / 就去上课， /// 晚上 // 还要去补习班 / 学电脑。

Xià le bān jiù qù shàng kè, wǎnshang hái yào qù bǔxíbān xué diànnǎo.

근무 시간이 끝나면 수업 들으러 가고, 저녁에는 컴퓨터 배우러 학원에도 가야 해.

③

如果 // 我是你， /// 就去 / 给学生 / 当家教。

Rúguǒ wǒ shì nǐ, jiù qù gěi xuésheng dāng jiājiào.

만일 내가 너라면 학생에게 과외 수업을 하겠다.

④

你的建议 / 不错， // 我怎么 / 没想到。

Nǐ de jiànyì búcuò, wǒ zěnme méi xiǎngdào.

네 건의 괜찮네, 나는 어째서 생각을 못 했을까.

⑤

每天 / 除了上课以外， // 还要去 / 便利店打工。

Měitiān chúle shàng kè yǐwài, hái yào qù biànlìdiàn dǎgōng.

매일 수업을 듣는 것 말고도 편의점에 아르바이트하러 가야 해.

1
🎧 02-03

자오량 你来中国五个月了，已经适应中国的生活了吧？
Nǐ lái Zhōngguó wǔ ge yuè le, yǐjīng shìyìng Zhōngguó de shēnghuó le ba?

김민호 生活已经适应了，但学习上压力太大。
Shēnghuó yǐjīng shìyìng le, dàn xuéxí shang yālì tài dà.

每天都有八节①课，太累了！
Měitiān dōu yǒu bā jié kè, tài lèi le!

자오량 我比你累多了，早上在便利店打工，
Wǒ bǐ nǐ lèi duō le, zǎoshang zài biànlìdiàn dǎgōng,

下了班就去上课，晚上还要去补习班学电脑。
xià le bān jiù qù shàng kè, wǎnshang hái yào qù bǔxíbān xué diànnǎo.

김민호 你的英语那么好，如果我是你，
Nǐ de Yīngyǔ nàme hǎo, rúguǒ wǒ shì nǐ,

就去给学生当家教，那样不是更好吗？
jiù qù gěi xuésheng dāng jiājiào, nàyàng bú shì gèng hǎo ma?

자오량 你的建议不错，我怎么没想到。
Nǐ de jiànyì búcuò, wǒ zěnme méi xiǎngdào.

김민호 你周末做什么？也在便利店打工吗？
Nǐ zhōumò zuò shénme? Yě zài biànlìdiàn dǎgōng ma?

자오량 我周末不工作，或者在家看电视，
Wǒ zhōumò bù gōngzuò, huòzhě zài jiā kàn diànshì,

或者出去和朋友们一起玩儿。你呢？
huòzhě chūqu hé péngyoumen yìqǐ wánr. Nǐ ne?

김민호 我有时在家洗洗衣服、打扫打扫房间，
Wǒ yǒushí zài jiā xǐxi yīfu、dǎsao dǎsao fángjiān,

有时上街逛逛。
yǒushí shàngjiē guàngguang.

자오량 那这个周末我带你去颐和园转转，怎么样?
Nà zhè ge zhōumò wǒ dài nǐ qù Yíhéyuán zhuànzhuan, zěnmeyàng?

김민호 太好了，我早就想去颐和园，可是一直没有机会。
Tài hǎo le, wǒ zǎojiù xiǎng qù Yíhéyuán, kěshì yìzhí méiyǒu jīhuì.

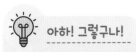 아하! 그렇구나!

❶ 节: '节'는 수업 시간 수를, '门'은 수업 과목 수를 셀 때 사용한다.

金敏浩来中国五个月了，对中国的生活已经适应
Jīn Mǐnhào lái Zhōngguó wǔ ge yuè le, duì Zhōngguó de shēnghuó yǐjīng shìyìng

了不少，但总觉得学习太紧张，每天要听八个小时的课。
le bùshǎo, dàn zǒng juéde xuéxí tài jǐnzhāng, měitiān yào tīng bā ge xiǎoshí de kè.

只有周末的时候他可以做自己想做的事情。赵亮每天
Zhǐyǒu zhōumò de shíhou tā kěyǐ zuò zìjǐ xiǎng zuò de shìqing.　　Zhào Liàng měitiān

除了上课以外❷，还要去便利店打工，晚上还要去补习班
chúle shàng kè yǐwài, hái yào qù biànlìdiàn dǎgōng, wǎnshang hái yào qù bǔxíbān

学电脑。不过，周末他不用去打工。他们决定这个周末
xué diànnǎo. Búguò, zhōumò tā bú yòng qù dǎgōng. Tāmen juédìng zhè ge zhōumò

一起去颐和园逛逛。
yìqǐ qù Yíhéyuán guàngguang.

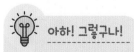
아하! 그렇구나!

❷ 除了……以外: 주어진 항목 이외에 다른 것을 추가할 때 쓰는 표현이다.

표현 날개를 달다

已经……了

이미 어떤 동작이나 상태가 이루어졌음을 나타낸다. 대개 문장의 맨 뒤에 변화를 나타내는 어기조사 '了'가 오거나 동사 뒤에 완료의 시태조사 '了'가 온다.

你来中国五个月了，已经适应中国的生活了吧?
Nǐ lái Zhōngguó wǔ ge yuè le, yǐjīng shìyìng Zhōngguó de shēnghuó le ba?

你别太担心，孩子已经长大了。
Nǐ bié tài dānxīn, háizi yǐjīng zhǎngdà le.

长大 zhǎngdà 자라다, 성장하다

'已经'은 어떤 일이 이미 발생해서 발화시점이나 특정시점까지 그 상태가 남아 있음을 나타내지만, '曾经'은 경험의 시태조사 '过'와 함께 쓰여 과거에 어떤 일이 발생해서 발화시점 이전에 그 상태가 이미 끝났음을 나타낸다.

他已经去中国了。
Tā yǐjīng qù Zhōngguó le.

他曾经去过中国。
Tā céngjīng qù guo Zhōngguó.

주어진 문장을 '已经……了'의 문장으로 바꾸어 보세요.

① 他是大学生。 → _____
② 我开始学汉语。 → _____
③ 票卖光了。 → _____
④ 他吃完饭了。 → _____

比……多了

'~보다 훨씬 ~하다'라는 뜻으로, '多'는 정도를 나타내는 정도보어이며 문장 끝에 어기조사 '了'가 함께 온다. '比+비교 대상+형용사+多了'의 구조로 쓰인다.

我比你累多了。
Wǒ bǐ nǐ lèi duō le.

他的汉语比我强多了。
Tā de Hànyǔ bǐ wǒ qiáng duō le.

强 qiáng 우월하다, 좋다

'比……多了'를 이용하여 그림의 상황을 표현해 보세요.

①

哥哥　　　弟弟

哥哥_____。

②

小张　　　小李

小张_____。

③
昨天　　　今天

今天_____。

……了……就

앞의 동작이 끝나고 나서 곧장 뒤의 동작을 한다는 표현으로, 동작의 시간적인 선후 관계를 나타낸다. '就'는 앞의 동작과 뒤의 동작 간의 시간 간격이 매우 짧음을 나타낸다.

下了班就去上课。
Xià le bān jiù qù shàng kè.

放了学，就快回家吧。
Fàng le xué, jiù kuài huí jiā ba.

放学 fàng xué 학교가 파하다

'……了……就'를 이용하여 그림의 상황을 표현해 보세요.

①

_____

②

_____

③

_____

④

打开
dǎkāi 켜다, 틀다

_____

不是……吗?

강한 어기의 반문을 나타내며 '不是'와 '吗' 사이에는 술어가 올 수 있다.

给学生当家教，不是更好吗?
Gěi xuésheng dāng jiājiào, bú shì gèng hǎo ma?

你不是快要回国了吗?
Nǐ bú shì kuàiyào huí guó le ma?

'不是……吗?'를 이용하여 주어진 문장을 반어문으로 바꾸어 보세요.

① 他喜欢你。 → _____

② 你很想他。 → _____

③ 你来过这儿。 → _____

④ 这个很便宜。 → _____

或者……，或者……

'~이거나 아니면 ~이다'라는 뜻으로 선택사항을 나열할 때 쓰며, 첫 번째 '或者'는 생략할 수 있다.

或者在家看电视，或者出去和朋友们一起玩儿。
Huòzhě zài jiā kàn diànshì, huòzhě chūqu hé péngyoumen yìqǐ wánr.

我看你或者给他打个电话，或者去找他吧。
Wǒ kàn nǐ huòzhě gěi tā dǎ ge diànhuà, huòzhě qù zhǎo tā ba.

의문문에서는 선택사항을 나열할 때 '或者'가 아니라 '还是'를 쓴다.

你喝咖啡或者喝茶？ (×) | **你喝咖啡还是喝茶？** (○)

'或者……，或者……'와 괄호 안의 표현을 활용해 주어진 문장을 완성해 보세요.

① 如果你有什么问题，_____，都可以。(问我，问他)

② 明天_____。(你来找我，我去找你)

③ 我们在一起，_____。(打乒乓球，去看电影)
　　　　　　　　　　　　　pīngpāngqiú 탁구

④ 我家的晚饭，_____。(我做，我爱人做)
　　　　　　　　　　　　　　　　　àiren 남편 또는 아내

有时……，有时……

'때로는 ~하고 때로는 ~하다'라는 뜻이다. '有时候……，有时候……'라고도 한다.

我有时在家洗洗衣服、打扫打扫房间，有时上街逛逛。
Wǒ yǒushí zài jiā xǐxi yīfu, dǎsao dǎsao fángjiān, yǒushí shàngjiē guàngguang.

这儿的天气真奇怪，有时冷，有时热。
Zhèr de tiānqì zhēn qíguài, yǒushí lěng, yǒushí rè.

奇怪 qíguài 이상하다

'有时……，有时……'와 괄호 안의 표현으로 주어진 문장을 완성해 보세요.

① 暑假我_____。(回国，留在中国)
　　　　　　　　　　　　　　　　　liú 머무르다, 묵다

② 我早上_____。(吃饭，不吃饭)

③ 我回国的时候，_____。(坐飞机，坐船)

④ 我周日_____。(去游泳，去练太极拳)
　　zhōurì 일요일

🎧 02-05

1 하루 일과

A 你脸色不好，怎么了?
Nǐ liǎnsè bù hǎo, zěnme le?

B 我每天早上去便利店打工，太累了。
Wǒ měitiān zǎoshang qù biànlìdiàn dǎgōng, tài lèi le.

★ 바꿔 말하기

B 都有家教
dōu yǒu jiājiào

晚上都去补习班
wǎnshang dōu qù bǔxíbān

2 특정일 스케줄

A 这周五晚上我们一起去看电影，怎么样?
Zhè zhōu wǔ wǎnshang wǒmen yìqǐ qù kàn diànyǐng, zěmeyàng?

B 周五不行，我每周一、三、五，要去练瑜伽。
Zhōu wǔ bù xíng, wǒ měi zhōu yī、sān、wǔ, yào qù liàn yújiā.

★ 바꿔 말하기

B 我有个约会
wǒ yǒu ge yuēhuì

这周五是我爸爸的生日
zhè zhōu wǔ shì wǒ bàba de shēngrì

 단어

瑜伽 yújiā 요가

3 식사 후 여가 시간 ·····

A 你午休时间做什么?
Nǐ wǔxiū shíjiān zuò shénme?

B 吃完午饭后睡午觉。
Chī wán wǔfàn hòu shuì wǔjiào.

★ 바꿔 말하기

B 出去散步
chūqu sànbù

看报纸
kàn bàozhǐ

4 행복한 순간 ·····

A 你一天中什么时候最幸福?
Nǐ yì tiān zhōng shénme shíhou zuì xìngfú?

B 晚饭后一边听音乐，一边看小说的时候最幸福。
Wǎnfàn hòu yìbiān tīng yīnyuè, yìbiān kàn xiǎoshuō de shíhou zuì xìngfú.

★ 바꿔 말하기

B 下班回家
xià bān huí jiā

晚上躺在床上
wǎnshang tǎng zài chuáng shang

단어 午休 wǔxiū 점심 휴식(을 취하다) | 时间 shíjiān 시간 | 午饭 wǔfàn 점심밥 | 午觉 wǔjiào 낮잠 | 散步 sànbù 산책하다 | 报纸 bàozhǐ 신문 | 幸福 xìngfú 행복(하다) | 晚饭 wǎnfàn 저녁밥 | 小说 xiǎoshuō 소설 | 躺 tǎng 눕다, 드러눕다

연습 실력이 늘다

听和说　🎧 02-06

1 녹음을 듣고 정민이의 일과 순서대로 번호를 써 보세요.

①

②

③

2 녹음을 다시 들어 보며 내용과 일치하면 O, 일치하지 않으면 X를 표시해 보세요.

① 正民在学日语。（　　）　　② 正民在学英语。（　　）

③ 正民早上去补习班。（　　）　　④ 正民觉得学外语太累了。（　　）

写和说

1 그림을 보고 괄호 안의 표현을 활용하여 주어진 대화를 완성해 보세요.

①

A 你怎么现在才来？
_____。(已经……了)

B 真对不起！

②

A 你昨天不舒服，
今天好点儿了吗？

B _____。(比……多了)

③

A 这个假期你打算去哪儿旅行？

B _____，还没决定。
(或者……，或者……)

④

睡觉
shuìjiào 자다

A 你星期天下午做什么？

B 我_____。
(有时……，有时……)

读和说

1 다음 글을 읽고 아래 질문에 답해 보세요.

> 　　我每周六玩儿电脑游戏，很晚才睡，所以周日早上常常起不来。我朋友敏浩每天早上去公园锻炼。他说早起对身体很好。上星期我和他约好周日早上七点在公园见面，一起锻炼。但是那天我还是没起来。他一直等我等到八点，很不高兴。你们说我怎么才能早起呢？
>
> *电脑游戏 diànnǎo yóuxì 컴퓨터 게임 ｜ 早起 zǎoqǐ 일찍 일어나다

　① 我为什么周日早上起不来？

　② 我和敏浩约好什么？

　③ 你们说我怎么做才能早起呢？

2 위의 글을 요약해서 말해 보세요.

想和说

1 그림을 참고로 주인공의 하루 일과에 대하여 이야기를 만들어 보세요.

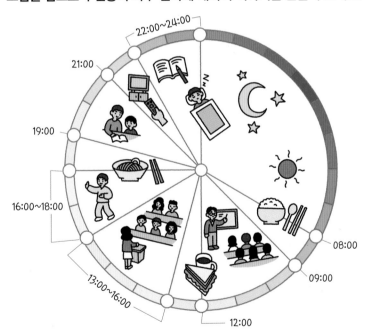

2 옆 사람과 하루 일과에 대하여 대화를 나누어 보세요.

또 하나의 중국, 화교 사회

화교란 중국 본토를 떠나 해외에 정착하여 경제 활동을 하면서 거주하는 중국인 또는 그 자손을 말한다. 원래는 중국 국적을 지닌 채 본국과 정치적, 문화적, 사회적으로 유기적인 관계를 맺고 있는 중국인을 가리켰다. 그러나 점차 자신이 거주하는 나라의 국적을 갖는 경우가 많아지게 되었다. 해외에 거주하는 화교는 주로 광둥성(广东省)과 푸젠성(福建省) 출신이다. 화교들은 대개 출신 지역의 방언과 거주지 언어를 동시에 구사한다.

화교는 세계 각처에 거주하고 있는데, 90%에 이르는 절대다수가 주로 동남아시아 지역에 거주하고 있다. 특히 태국, 말레이시아, 인도네시아, 싱가포르 등 동남아 지역에 집중되어 있으며, 동남아 지역의 화교는 현지에서 막강한 정치력과 경제력을 가지고 있다. 베트남 건국의 아버지 호치민, 캄보디아의 론 놀 대통령, 싱가포르의 리콴유 총리, 미얀마의 네윈 대통령 등은 모두 화교 출신이다.

한국의 화교 역사는 독특하다. 한국에 거주하는 화교의 대부분은 중화민국의 국적을 유지하고 있는데, 이는 전 세계 화교의 90% 이상이 이미 거주국의 국적을 취득한 것과는 대조적인 현상이다. 한국의 화교는 19세기 말에 조선이 개항하면서 인천 지역을 중심으로 거주하게 되었다. 당시 한국 정부는 화교의 경제권을 제한하여 화교들의 부동산 소유를 금지하고 중국음식점에서의 쌀밥 판매를 금지하기도 했다. 그래서 그 시기 중국음식점에서는 짜장면이 주메뉴가 될 수밖에 없었다.

한국의 화교는 대부분 중국 산둥성(山東省) 출신으로 중국의 전통문화를 보존하고 있다.

우리나라 인천의 차이나 타운

태국 방콕의 차이나 타운

03

这个学期我们努力学习吧!

이번 학기에 우리 열심히 공부하자!

 시작이 반이다

- 奖学金 jiǎngxuéjīn 圐 장학금

- 祝贺 zhùhè 圐 축하하다, 경하하다

- 成绩 chéngjì 圐 성적

- 呀 ya 圐 [어조사 '啊'가 앞 음절의 모음인 'a·e·i·o·u'의 영향을 받아 변화된 음]

- 砸 zá 圐 실패하다, 망치다, 틀어지다

- 平均 píngjūn 圐 평균하다, 평균을 내다

- 班 bān 圐 반

- 数一数二 shǔ yī shǔ èr 圐 1, 2등을 다투다, 손꼽히다, 뛰어나다

- 光 guāng 圐 단지, 오로지, 다만

- 顾 gù 圐 돌보다, 보살펴 주다, 주의하다

- 社团 shètuán 圐 서클, 동아리, 사회단체 [각종 군중 조직의 총칭]

- 活动 huódòng 圐 활동, 운동, 행사, 모임

- 熬 áo 圐 견디다, (밤을) 새다

- 参加 cānjiā 圐 참가하다, 가입하다, 참여하다

- 茶道 chádào 圐 다도

- 吉他 jítā 圐 기타(guitar)

- 拉丁舞 lādīngwǔ 圐 라틴댄스

- 专业 zhuānyè 圐 전공

- 必修 bìxiū 圐 필수 과목

- 选修 xuǎnxiū 圐 선택 과목

- 并 bìng 圐 결코, 전혀, 조금도

- 轻松 qīngsōng 圐 수월하다, 가볍다, 부담이 없다

- 不管 bùguǎn 圐 ~을 막론하고, ~에 관계없이

- 怎样 zěnyàng 圐 어떠하다

- 努力 nǔlì 圐 노력하다, 힘쓰다

- 影响 yǐngxiǎng 圐 영향을 주다, 영향을 끼치다

문장 리듬을 만나다

제1강세, 제2강세, 띄어 읽기로 리듬을 느끼며 다음 문장을 익혀 보세요. 🎧 03-02

①

听说 // 这个学期 / 你拿到了 / 奖学金?

Tīngshuō zhè ge xuéqī nǐ nádào le jiǎngxuéjīn?

이번 학기에 너 장학금 받았다며?

②

要说成绩， // 你在我们班 / 可是数一数二的呀!

Yào shuō chéngjì, nǐ zài wǒmen bān kě shì shǔ yī shǔ èr de ya!

성적으로 말하자면 너는 우리 반에서 1, 2등을 다투잖아!

③

不过 /// 我打算 // 这个学期 / 只参加 / 吉他社的活动。

Búguò wǒ dǎsuàn zhè ge xuéqī zhǐ cānjiā jítā shè de huódòng.

그렇지만 이번 학기에는 기타동아리 활동만 할 예정이야.

④

看起来， // 这个学期 / 也并不轻松。

Kàn qǐlai, zhè ge xuéqī yě bìng bù qīngsōng.

보아하니 이번 학기도 결코 만만치 않네.

⑤

不管怎样， // 这个学期 / 我们努力学习吧!

Bùguǎn zěnyàng, zhè ge xuéqī wǒmen nǔlì xuéxí ba!

어쨌든 이번 학기에 우리 열심히 공부하자!

리우샤오칭 **听说这个学期你拿到了奖学金，祝贺你!**
Tīngshuō zhè ge xuéqī nǐ nádào le jiǎngxuéjīn, zhùhè nǐ!

자오량 **你上个学期的成绩也不错吧?**
Nǐ shàng ge xuéqī de chéngjì yě búcuò ba?

리우샤오칭 **不错什么呀! 上个学期考砸❶了，**
Búcuò shénme ya! Shàng ge xuéqī kǎozá le,

平均只有八十分。
píngjūn zhǐyǒu bāshí fēn.

자오량 **要说成绩，你在我们班可是数一数二❷的呀!**
Yào shuō chéngjì, nǐ zài wǒmen bān kě shì shǔ yī shǔ èr de ya!

리우샤오칭 **因为上个学期光顾社团活动，快考试了，**
Yīnwèi shàng ge xuéqī guāng gù shètuán huódòng, kuài kǎoshì le,

才熬了几个晚上。
cái áo le jǐ ge wǎnshang.

자오량 **你参加了什么社团?**
Nǐ cānjiā le shénme shètuán?

리우샤오칭 **茶道社❸、吉他社、还有拉丁舞社，**
Chádào shè、jítā shè、hái yǒu lādīngwǔ shè,

不过我打算这个学期只参加吉他社的活动。
búguò wǒ dǎsuàn zhè ge xuéqī zhǐ cānjiā jítā shè de huódòng.

자오량 **这个学期你选了几门课?**
Zhè ge xuéqī nǐ xuǎn le jǐ mén kè?

리우샤오칭 四门专业必修，三门专业选修，一共七门课。

Sì mén zhuānyè bìxiū, sān mén zhuānyè xuǎnxiū, yígòng qī mén kè.

자오량 看起来，你这个学期也并不❹轻松。

Kàn qǐlai, nǐ zhè ge xuéqī yě bìng bù qīngsōng.

不管怎样，这个学期我们努力学习吧!

Bùguǎn zěnyàng, zhè ge xuéqī wǒmen nǔlì xuéxí ba!

 아하! 그렇구나!

❶ 砸: '깨지다' '망치다' '틀어지다'라는 뜻으로, 이 문장에서는 결과보어로 쓰였다.

❷ 数一数二: '(1, 2등을 다툴 정도로) 뛰어나다' '손꼽히다'라는 뜻의 성어이다.

❸ 社: 학교의 동아리를 표현할 때 '……社' 혹은 '……协会 xiéhuì'라고 한다.

❹ 并不: '결코 ~하지 않다'라는 뜻으로 강한 부정을 나타낸다.

刘小庆在班里的学习成绩一直数一数二。可是上
Liú Xiǎoqìng zài bān lǐ de xuéxí chéngjì yìzhí shǔ yī shǔ èr. Kěshì shàng

学期因为参加了太多的社团活动，影响了学习，她没
xuéqī yīnwèi cānjiā le tài duō de shètuán huódòng, yǐngxiǎng le xuéxí, tā méi

能拿到奖学金。所以这个学期她打算只参加吉他社的
néng nádào jiǎngxuéjīn. Suǒyǐ zhè ge xuéqī tā dǎsuàn zhǐ cānjiā jítā shè de

活动。这学期刘小庆选了四门必修课和三门选修课。
huódòng. Zhè xuéqī Liú Xiǎoqìng xuǎn le sì mén bìxiū kè hé sān mén xuǎnxiū kè.

她打算这个学期努力学习，拿到奖学金。
Tā dǎsuàn zhè ge xuéqī nǔlì xuéxí, nádào jiǎngxuéjīn.

표현 날개를 달다

……什么!

형용사나 심리활동을 나타내는 동사 뒤에 쓰여 동의하지 않거나 반박하는 상황을 표현한다.

这个句子难什么! 一点儿也不难。
Zhè ge jùzi nán shénme! Yì diǎnr yě bù nán.

A 你上个学期的成绩也不错吧?
Nǐ shàng ge xuéqī de chéngjì yě búcuò ba?

B 不错什么呀!
Búcuò shénme ya!

句子 jùzi 문장

일반 동사 뒤에 쓰이는 경우에는 그럴 필요가 없다고 여기거나 누군가를 나무라는 상황을 나타낸다.

看电影，哭什么!
Kàn diànyǐng, kū shénme!

刚吃完，还吃什么!
Gāng chī wán, hái chī shénme!

'……什么'와 박스 안의 단어로 그림의 상황을 표현해 보세요.

보기
高兴	买	怕

①

你_____!

②

你_____!

③

你的衣服这么多，

还_____!

可

주의를 환기시키며 강조하고자 할 때 사용하는 부사이다.

要说成绩，你在我们班可是数一数二的呀!
Yào shuō chéngjì, nǐ zài wǒmen bān kě shì shǔ yī shǔ èr de ya!

我可没说过我喜欢你呀!
Wǒ kě méi shuō guo wǒ xǐhuan nǐ ya!

'可'가 들어갈 위치를 찾아 보세요.

① 这台电脑 ⓐ 不 ⓑ 便宜。

② 我 ⓐ 不 ⓑ 是 ⓒ 小馋猫儿。

③ 今天 ⓐ 要 ⓑ 好好儿 ⓒ 喝一杯。

④ 他 ⓐ 是 ⓑ 个 ⓒ 非常聪明的人。
cōngming 똑똑하다

光

범위를 제한하는 부사로서, '단지' '오직'이라는 뜻으로 쓰인다.

因为上个学期光顾社团活动，快考试了，才熬了几个晚上。
Yīnwèi shàng ge xuéqī guāng gù shètuán huódòng, kuài kǎoshì le, cái áo le jǐ ge wǎnshang.

我们光谈学校生活了，没谈别的。
Wǒmen guāng tán xuéxiào shēnghuó le, méi tán biéde.

谈 tán 이야기하다

'光'이 들어갈 위치를 찾아 보세요.

① ⓐ 别 ⓑ 想着 ⓒ 玩，好好儿学习吧。

② 他 ⓐ 笑 ⓑ 不 ⓒ 说话。

③ ⓐ 不 ⓑ 你 ⓒ 一个人没来，还有两个人也没来。

……起来

'~하기에' '~해 보면'이라는 뜻으로, 동사 뒤에 쓰여 어떤 측면에서 무언가를 추측하거나 평가함을 나타낸다.

看起来，你这个学期也并不轻松。
Kàn qǐlai, nǐ zhè ge xuéqī yě bìng bù qīngsōng.

算起来，我学汉语已经五年了。
Suàn qǐlai, wǒ xué Hànyǔ yǐjīng wǔ nián le.

算 suàn 계산(하다), 셈(하다)

박스 안의 표현 중 알맞은 하나를 넣어 주어진 문장을 완성해 보세요.

做起来	听起来	说起来	吃起来

① 她的话_____很有道理。
dàoli 일리, 이치

② 这个橘子_____酸酸的。
suān (맛·냄새 따위가) 시다

③ 这件事_____容易，_____难。
róngyì 쉽다

54

不管……

'어떤 조건이든 상관없음'을 나타내는 접속사이다. 뒤에는 의문사를 포함하거나 정반의문문, 선택의문문의 형식이 온다.

不管怎样，这个学期我们努力学习吧!
Bùguǎn zěnyàng, zhè ge xuéqī wǒmen nǔlì xuéxí ba!

不管他来不来，我们下午一点出发。
Bùguǎn tā lái bu lái, wǒmen xiàwǔ yī diǎn chūfā.

不管刮风还是下雨，我们都要去。
Bùguǎn guā fēng háishi xià yǔ, wǒmen dōu yào qù.

그림을 보고 박스 안의 표현 중 알맞은 하나를 넣어 주어진 문장을 완성해 보세요.

天气好不好　　你说什么　　你去哪儿　　妈妈同意不同意
tóngyì 동의(하다)

①

不管＿＿＿＿＿＿＿＿，
都不要忘记我。
wàngjì 잊어버리다

②

不管＿＿＿＿＿＿＿＿，
她每天早上都锻炼身体。

③

A 不管＿＿＿＿＿＿＿＿，
我也不让你参加这次活动。
B 不管＿＿＿＿＿＿＿＿，
我一定要参加。

🎧 03-05

1 수업 내용

A 我昨天生病，没能来上课。昨天讲什么了？
Wǒ zuótiān shēng bìng, méi néng lái shàng kè. Zuótiān jiǎng shénme le?

B 昨天学了关于"文化大革命"的内容。
Zuótiān xué le guānyú "Wénhuà dà gémìng" de nèiróng.

★ 바꿔 말하기

B 没讲什么特别的内容
méi jiǎng shénme tèbié de nèiróng

王老师生病，停课了
Wáng lǎoshī shēng bìng, tíng kè le

2 발표 내용

A 明天我要发表关于中国电影的报告，你能帮帮我吗？
Míngtiān wǒ yào fābiǎo guānyú Zhōngguó diànyǐng de bàogào, nǐ néng bāngbang wǒ ma?

B 没问题。你写好后，我帮你改。
Méi wèntí. Nǐ xiěhǎo hòu, wǒ bāng nǐ gǎi.

★ 바꿔 말하기

A 经济
jīngjì

画儿风格
huàr fēnggé

단어 讲 jiǎng ~에 대하여 말하다, 설명하다, 논하다 | 关于 guānyú ~에 관한 | 文化大革命 Wénhuà dà gémìng 문화대혁명 | 内容 nèiróng 내용 | 特别 tèbié 특별하다, 다르다 | 停课 tíng kè 휴강하다, 수업을 중지하다 | 发表 fābiǎo 발표하다 | 报告 bàogào 보고, 보고서, 리포트 | 改 gǎi 고치다, 바꾸다, 변경하다

3 학업 성취

A 这个学期的考试，谁是第一名？
　Zhè ge xuéqī de kǎoshì, shéi shì dì yī míng?

B 刘小庆，她可常常是我们班的第一名。
　Liú Xiǎoqìng, tā kě chángcháng shì wǒmen bān de dì yī míng.

★ 바꿔 말하기

A 第二名
　dì'èr míng

　倒数第一名
　dàoshǔ dì yī míng

B 赵亮。那你是第一名吧
　Zhào Liàng. Nà nǐ shì dì yī míng ba

　我也不知道
　wǒ yě bù zhīdào

4 제출 마감

A 关于中国方言的报告什么时候交？
　Guānyú Zhōngguó fāngyán de bàogào shénme shíhou jiāo?

B 下个星期五为止。
　Xià ge xīngqī wǔ wéizhǐ.

★ 바꿔 말하기

A 这个学期的学费
　zhè ge xuéqī de xuéfèi

　英语作业
　yīngyǔ zuòyè

B 二月二十五号
　èr yuè èrshíwǔ hào

　后天
　hòutiān

단어 第一名 dì yī míng 1등, 제1위 ｜ 第二名 dì èr míng 2등, 제2위 ｜ 倒数 dàoshǔ 뒤에서부터 세다, 거꾸로 세다 ｜ 方言 fāngyán 방언 ｜ 交 jiāo 넘기다, 내다, 제출하다 ｜ 为止 wéizhǐ ~으로 마감하다 ｜ 学费 xuéfèi 학비

 **실력이 늘다**

听和说 🎧 03-06

1 녹음을 듣고 이후에 예상되는 상황에 V표해 보세요.

① 　② 　③

2 녹음을 다시 들어 보며 내용과 일치하면 O, 일치하지 않으면 X를 표시해 보세요.

① 男的还没写完报告。(　　)　② 女的还没写完报告。(　　)

③ 明天要交报告。(　　)　④ 男的要帮女的改报告。(　　)

写和说

1 그림을 보고 괄호 안의 표현을 활용하여 주어진 대화를 완성해 보세요.

①

A 我们班的学生都是韩国人，你们班呢？

B 我们班＿＿＿＿＿＿＿＿，还有日本人和美国人。(光)

②

A 韩国菜很辣吧？

B 其实＿＿＿＿＿＿＿＿，你尝尝吧。(起来)

③

A 明天我什么时候来找你？

B ＿＿＿＿＿＿＿＿＿＿，我都在。(不管)

④

A 你看这件衣服怎么样？好看吧？

B ＿＿＿＿＿＿＿＿＿＿？我不喜欢这件衣服的颜色。(什么)

1 다음 글을 읽고 아래 질문에 답해 보세요.

> 　　小庆本来很用功，学习成绩也不错。可是上个学期她参加的吉他社活动很多，常常要练习到很晚才能回家，所以她早上起不来，上课的时候也常常睡觉。老师们留的报告，她因为没有时间，写得很不好，有时还晚交。考试以前，虽然熬了几个晚上，但还是考了班里倒数第一。
>
> *练习 liànxí 연습하다

　① 小庆为什么上课的时候常常睡觉？

　② 小庆的报告为什么写得不好？

　③ 上个学期小庆的成绩怎么样？

2 위의 글을 요약해서 말해 보세요.

想和说

1 정민이의 학교생활 일정표를 보고 순서대로 중국어로 표현해 보세요.

熬　　　考试　　　病

历史报告　　　参加

2 옆 사람과 학교생활에 대하여 대화를 나누어 보세요.

중국의 남녀평등의 현주소

중국의 전통적인 봉건사회에서 여자는 아버지와 남편, 아들에게 복종해야 했고 재주가 없는 것이 덕목이었다. 이러한 봉건사회 여성의 속박과 억압을 상징하는 것이 바로 전족의 풍습이다. 그렇다면 현재 중국을 살아가는 여성의 모습은 어떨까?

현재 중국의 여성의 지위는 다른 아시아 국가와 비교했을 때 상당히 높아 보인다. 교육 기관이나 국가 기관에서 여성의 비율이 낮지 않고 간부급 인사 중에서도 여성이 차지하는 비율은 한국과 비교해 보더라도 훨씬 높다.

이러한 변화는 언제부터 시작되었을까? 1911년 신해혁명(辛亥革命) 이후 신사상이 도입되면서 여성교육과 여성해방사상이 사회적 이슈가 되었다. 이에 따라 봉건사회의 남녀관에 변화가 일기 시작하였다. 1949년 중화인민공화국이 수립된 이후 '사회주의 건설에는 남녀구분이 없다'라는 구호를 제창하면서, 중국 정부는 헌법상 남녀의 동등한 권리를 인정하고 여성의 사회 진출을 적극 권장했다. 이에 따라 여성의 사회적, 경제적 역할이 늘어나면서 여성의 지위도 크게 상승했다고 볼 수 있다. 대개 부부가 모두 직업을 갖고 있는 중국 사회에서 남편과 아내의 가사 분담은 이미 자연스러운 일이 되었다. 그러나 여전히 최고위직 관리는 남성이 대부분이며 도시를 벗어나면 남존여비 사상이 어느 정도 잔존해 있음도 사실이다.

부부가 함께 요리를 하는 모습

04

我是篮球迷。

나는 농구광이야.

- **打篮球 dǎ lánqiú** 동 농구를 하다

- **连续 liánxù** 동 연속하다, 계속하다

- **投 tóu** 동 던지다, 투척하다

- **迷 mí** 명 팬(fan), 광(狂), 마니아(mania), 애호가

- **考试 kǎoshì** 명 시험 동 시험을 치르다

- **咱们 zánmen** 대 우리(들)

- **场 chǎng** 양 차례, 바탕

- **比赛 bǐsài** 명 경기, 시합

- **那还用说 Nà hái yòng shuō** 말할 것도 없지! 그렇고 말고!

- **可惜 kěxī** 형 섭섭하다, 아쉽다, 애석하다

- **上次 shàngcì** 명 지난번, 저번

- **负伤 fùshāng** 동 부상을 당하다, 다치다

- **输 shū** 동 패하다, 지다, 잃다

- **可不是 kěbúshì** 동 왜 아니겠나, 그렇지, 그렇고 말고

- **比 bǐ** 동 (두 개의 수를 비교할 때) ~대~

- **差 chà** 동 부족하다, 모자라다

- **分 fēn** 점 [성적 평가의 점수나 승부의 득점 수]

- **赢 yíng** 동 이기다, 승리하다

- **队 duì** 명 (어떤 성질을 지닌) 단체, 팀

- **加油 jiāyóu** 동 힘을 내다, 격려하다, 응원하다

- **不如 bùrú** 동 ~만 못하다

- **这样 zhèyàng** 대 이렇다, 이와 같다, 이렇게

- **力量 lìliang** 명 능력, 역량, 힘

- **嘛 ma** 조 [이치, 사실, 도리 등이 명백함을 나타냄]

- **因此 yīncǐ** 접 이로 인하여, 그래서

- **约 yuē** 동 약속하다

- **参赛 cānsài** 동 시합에 참가하다, 경기에 나가다

- **今晚 jīnwǎn** 명 오늘 밤

- **相信 xiāngxìn** 동 믿다, 신임하다, 신뢰하다

제1강세, 제2강세, 띄어 읽기로 리듬을 느끼며 다음 문장을 익혀 보세요. 🎧 04-02

1

你篮球／打得真不错，／／连续投进了／这么多球!

Nǐ lánqiú dǎ de zhēn búcuò, liánxù tóujìn le zhème duō qiú!

너 농구 정말 잘한다. 연속해서 이렇게 많이 골을 넣다니!

2

我也喜欢，／／但我打得／没有你／那么好。

Wǒ yě xǐhuan, dàn wǒ dǎ de méiyǒu nǐ nàme hǎo.

나도 좋아해. 하지만 나는 너만큼 그렇게 잘하지는 못해.

3

等／考完试，／／咱们打一场，／／／怎么样?

Děng kǎowán shì, zánmen dǎ yì chǎng, zěnmeyàng?

시험 끝나고 우리 한 게임 하는 거 어때?

4

今天／我们和日本／有篮球比赛，／／你听说了吧?

Jīntiān wǒmen hé Rìběn yǒu lánqiú bǐsài, nǐ tīngshuō le ba?

오늘 우리와 일본의 농구 경기가 있는데, 너 들었지?

5

不如这样，／／你来／我的宿舍，／／好不好?

Bùrú zhèyàng, nǐ lái wǒ de sùshè, hǎo bu hǎo?

이러는 게 낫겠다. 네가 내 기숙사에 오는 게 어때?

1 ⋯⋯⋯⋯⋯⋯⋯⋯⋯⋯⋯⋯⋯⋯⋯⋯⋯⋯⋯⋯⋯⋯⋯⋯⋯⋯⋯⋯⋯⋯⋯⋯ 🎧 04-03

자오량 **你篮球打得真不错，连续投进了这么多球！**
Nǐ lánqiú dǎ de zhēn búcuò, liánxù tóujìn le zhème duō qiú!

왕따밍 **我是篮球迷。怎么❶，你也喜欢篮球？**
Wǒ shì lánqiúmí. Zěnme, nǐ yě xǐhuan lánqiú?

자오량 **我也喜欢，但我打得没有你那么好。**
Wǒ yě xǐhuan, dàn wǒ dǎ de méiyǒu nǐ nàme hǎo.

왕따밍 **等考完试，咱们打一场，怎么样？**
Děng kǎowán shì, zánmen dǎ yì chǎng, zěnmeyàng?

자오량 **好啊！对了，今天我们和日本有篮球比赛，**
Hǎo a! Duì le, jīntiān wǒmen hé Rìběn yǒu lánqiú bǐsài,

你听说了吧？
nǐ tīngshuō le ba?

왕따밍 **那还用说，真可惜，上次姚小明负伤，**
Nà hái yòng shuō, zhēn kěxī, shàngcì Yáo Xiǎomíng fùshāng,

没能参加比赛，我们输了。
méi néng cānjiā bǐsài, wǒmen shū le.

자오량 **可不是❷，69比71，只差两分，**
Kěbúshì, liùshíjiǔ bǐ qīshíyī, zhǐ chà liǎng fēn,

今天我们一定要赢。
jīntiān wǒmen yídìng yào yíng.

왕따밍 **那你来我的宿舍一起看比赛，为中国队加油，**
Nà nǐ lái wǒ de sùshè yìqǐ kàn bǐsài, wèi Zhōngguóduì jiāyóu,

怎么样？
zěnmeyàng?

자오량 好啊，不过我和金敏浩说好一起看比赛，
Hǎo a, búguò wǒ hé Jīn Mǐnhào shuōhǎo yìqǐ kàn bǐsài,

不如这样，你来我的宿舍，好不好？
bùrú zhèyàng, nǐ lái wǒ de sùshè, hǎo bu hǎo?

왕따밍 好，人多力量大嘛❸！
Hǎo, rén duō lìliang dà ma!

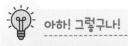 아하! 그렇구나!

❶ 怎么: 문장의 앞에 쓰여 놀라움의 어기를 나타낸다.

❷ 可不是: 상대방의 말에 적극적으로 동의하는 표현으로, '그렇고 말고'라는 뜻이다.

❸ 嘛: 문장 끝에 와서 문장이 나타내는 내용이 당연한 사실임을 강조한다.

赵亮和王大明都是篮球迷，因此他们约好考完
Zhào Liàng hé Wáng Dàmíng dōu shì lánqiúmí, yīncǐ tāmen yuēhǎo kǎowán

试，一起打一场篮球。今天晚上中国队和日本队有
shì, yìqǐ dǎ yì chǎng lánqiú. Jīntiān wǎnshang Zhōngguóduì hé Rìběnduì yǒu

篮球比赛。上次因为姚小明负伤没能参赛❹，中国
lánqiú bǐsài. Shàngcì yīnwèi Yáo Xiǎomíng fùshāng méi néng cānsài, Zhōngguó

队输了。今晚金敏浩和王大明去赵亮的宿舍一起为
duì shū le. Jīnwǎn Jīn Mǐnhào hé Wáng Dàmíng qù Zhào Liàng de sùshè yìqǐ wèi

中国队加油。他们相信今晚的比赛，中国队一定能赢。
Zhōngguóduì jiāyóu. Tāmen xiāngxìn jīnwǎn de bǐsài, Zhōngguóduì yídìng néng yíng.

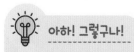

아하! 그렇구나!

❹ 参赛 : '参加比赛'의 줄임말이다.

没有……那么/这么……

'~만큼 ~하지 못하다'라는 의미의 열등 비교를 나타낸다. '주어+没有+비교 대상+那么/这么+ 형용사'의 형식으로 쓰인다.

我打得没有你那么好。
Wǒ dǎ de méiyǒu nǐ nàme hǎo.

我的汉语说得没有你那么流利。
Wǒ de Hànyǔ shuō de méiyǒu nǐ nàme liúlì.

流利 liúlì 유창하다

그림을 보고 '没有……那么/这么 ……'를 활용하여 주어진 문장을 완성해 보세요.

①

我＿＿＿＿＿＿＿＿高。

②

那件衣服＿＿＿＿＿＿＿＿贵。

③

我们学校＿＿＿＿＿＿＿大。

④

我们班的学生＿＿＿＿＿＿＿多。

等……

문장 앞에 쓰여 뒤에 설명하는 '어떤 시간이나 조건까지 기다림'을 나타낸다.

等考完试，咱们打一场，怎么样？
Děng kǎowán shì, zánmen dǎ yì chǎng, zěnmeyàng?

等他来了再说吧。
Děng tā lái le zài shuō ba.

'等'과 괄호 안의 표현을 활용해 주어진 문장을 완성해 보세요.

① _____，我要去看电影。(考完试)

② _____，我才知道今天停课。(到教室)

③ _____，你再还给我吧。(有钱)

④ _____，你再吃药吧。(吃饭)

咱们

1인칭 복수를 나타내는 대사이다. '咱们'은 대화에 참여하는 화자와 청자를 모두 포함한 '우리'를 가리키므로, 청자를 포함할 수도 있고 포함하지 않을 수도 있는 '我们'과 구별된다.

咱们打一场，怎么样？
Zánmen dǎ yì chǎng, zěnmeyàng?

你们学校的学生多，咱们学校的学生少。 (×)

你留在这儿等小张，我们先走啦。 (○)
Nǐ liú zài zhèr děng Xiǎo Zhāng, wǒmen xiān zǒu la.

'我们'을 '咱们'으로 바꿀 수 있는 것에 O, 바꿀 수 없는 것에 X를 표시해 보세요.

① 老师！我们功课都做好了，可以走了吗？ (   )
　　　　　gòngkè (숙제나 예습 등의) 공부

② 赵亮，我们走吧！ (   )

③ 外面很冷，我们最好不要出去。 (   )

④ 你猜这场比赛你们会赢，还是我们会赢？ (   )
　　cāi 추측하다

A 不如 B

‘A不如B’는 ‘A가 B만 못하다’ 즉, ‘A보다 B가 낫다’라는 뜻이다. 구체적으로 어떤 측면에서 비교할 때는 ‘A不如B……’의 형식을 이용하여 ‘A보다 B가 더 ~하다’라는 뜻으로 쓴다.

不如这样，你来我的宿舍，好不好？
Bùrú zhèyàng, nǐ lái wǒ de sùshè, hǎo bu hǎo?

我的汉语不如他好。
Wǒ de Hànyǔ bùrú tā hǎo.

주어진 문장을 ‘不如’를 포함한 문장으로 바꾸어 보세요.

① 我们一起去比你一个人去好。 → _____

② 骑车没有坐车好。 → _____

③ 看书比看电影好。 → _____

④ 我的成绩没有他那么好。 → _____

因此

서면어에서 많이 쓰이는 표현으로, 앞의 내용에 대한 결과나 결론을 나타낸다.

赵亮和王大明都是篮球迷，因此他们约好考完试，一起打一场篮球。
Zhào Liàng hé Wáng Dàmíng dōu shì lánqiúmí, yīncǐ tāmen yuēhǎo kǎowán shì, yìqǐ dǎ yì chǎng lánqiú.

我跟他在一起十年了，因此很了解他的性格。
Wǒ gēn tā zài yìqǐ shí nián le, yīncǐ hěn liǎojiě tā de xìnggé.

性格 xìnggé 성격

밑줄 친 부분에 들어갈 알맞은 표현을 박스에서 찾아 써 보세요.

拿到了奖学金　　现在有一间空房子　　不能跑步　　他被选为班长
　　　　　　　　　　　　　　　　　　　 pǎobù 달리다　　 bānzhǎng 반장

① 他这个学期的考试成绩不错，因此_____。

② 大家都很喜欢他，因此_____。

③ 我的脚被扭伤了，因此_____。

④ 这个公寓刚好搬走一家，因此_____。

회화 가지를 치다

1 운동 취미생활

A 这个暑假我们一起学游泳，怎么样？
Zhè ge shǔjià wǒmen yìqǐ xué yóuyǒng, zěnmeyàng?

B 对游泳，我可没什么兴趣。
Duì yóuyǒng, wǒ kě méi shénme xìngqù.

★ 바꿔 말하기

A 练太极拳
liàn tàijíquán

打篮球
dǎ lánqiú

B 太极拳
tàijíquán

篮球
lánqiú

2 실내 취미생활

A 你会下围棋吗？我们下一盘，怎么样？
Nǐ huì xià wéiqí ma? Wǒmen xià yì pán, zěnmeyàng?

B 好啊，最近一直没机会下棋，今天可要好好儿较量较量。
Hǎo a, zuìjìn yìzhí méi jīhuì xià qí, jīntiān kě yào hǎohāor jiàoliang jiàoliang.

★ 바꿔 말하기

A 下象棋　　下一盘
xià xiàngqí　 xià yì pán

打麻将　　打一局
dǎ májiàng　 dǎ yì jú

B 下棋
xià qí

打麻将
dǎ májiàng

단어

兴趣 xìngqù 흥미, 흥취, 취미 ㅣ 下 xià (바둑이나 장기를) 두다 ㅣ 围棋 wéiqí 바둑 ㅣ 盘 pán 판[장기나 바둑의 시합을 세는 단위] ㅣ 好好儿 hǎohāor 잘, 제대로 ㅣ 较量 jiàoliàng 겨루다, 대결하다, 경쟁하다 ㅣ 象棋 xiàngqí 장기 ㅣ 麻将 májiàng 마작 ㅣ 局 jú 판, 번, 경기

3 야외 취미생활

A 这周日，我打算去爬山，你和我一起去，好不好？
Zhè zhōu rì, wǒ dǎsuàn qù páshān, nǐ hé wǒ yìqǐ qù, hǎo bu hǎo?

B 当然好啦，我也一直想去爬山。
Dāngrán hǎo la, wǒ yě yìzhí xiǎng qù páshān.

★ 바꿔 말하기

A 钓鱼
diàoyú

拍照
pāizhào

B 钓鱼
diàoyú

拍照
pāizhào

4 문화 취미생활

A 这是贝多芬的交响乐吧？
Zhè shì Bèiduōfēn de jiāoxiǎngyuè ba?

B 是的，我很喜欢他的交响乐。
Shì de, wǒ hěn xǐhuan tā de jiāoxiǎngyuè

★ 바꿔 말하기

A 毕加索的画儿
Bìjiāsuǒ de huàr

莫言的小说
Mòyán de xiǎoshuō

B 画儿
huàr

小说
xiǎoshuō

 爬山 páshān 산을 오르다, 등산하다 | 钓鱼 diàoyú 낚시하다 | 拍照 pāizhào 사진을 찍다 | 贝多芬 Bèiduōfēn 베토벤 | 交响乐 jiāoxiǎngyuè 교향악 | 毕加索 Bìjiāsuǒ 피카소 | 莫言 Mòyán 모옌[중국 작가]

실력이 늘다

연습

听和说 🎧 04-06

1 녹음을 듣고 이후에 예상되는 상황에 V표해 보세요.

①

②

③

2 녹음을 다시 들어 보며 내용과 일치하면 O, 일치하지 않으면 X를 표시해 보세요.

① 女的明天要去黄浦江拍照。（　　）　　② 他们打算一起去黄浦江。（　　）

③ 女的很喜欢拍照。（　　）　　④ 男的不太喜欢拍照。（　　）

写和说

1 그림을 보고 괄호 안의 표현을 활용하여 주어진 대화를 완성해 보세요.

①

A 原来是你啊，我还以为是敏浩
在唱歌呢。

B ＿＿＿＿＿＿＿＿。他才是真正的
歌手呢。(没有……那么……)
gēshǒu 가수　　zhēnzhèng 진정한

②

A 我们什么时候出发？

B ＿＿＿＿＿＿＿＿＿。
他马上就到。(等)

③

A ＿＿＿＿＿＿＿＿，好不好？(咱们)

B 对不起，我有事，不能去。

④

A 你的成绩太好了！

B ＿＿＿＿＿＿＿＿。
正民这次是第一名！(不如)

1 다음 글을 읽고 아래 질문에 답해 보세요.

> 　　大明和赵亮都是足球迷，他们喜欢看足球，也喜欢踢足球。大明是英文系足球队的队员，赵亮是中文系足球队的队员。上次因为中文系的一名主力队员负伤，没能参加比赛，中文系二比一输给了英文系。今天两个队又有比赛。现在中文系和英文系的同学们正在操场上为他们加油呢。
>
> *踢 tī 차다 | 足球 zúqiú 축구 | 队员 duìyuán 선수 | 主力 zhǔlì 주력

① 为什么说大明和赵亮是足球迷?

② 上次中文系为什么输给了英文系?

③ 今天哪两个队有比赛?

2 위의 글을 요약해서 말해 보세요.

想和说

1 다음 그림을 연결하여 중국어로 이야기를 만들어 보세요.

大明喜欢

投了……球

他篮球打得

75比73

2 옆 사람과 취미생활에 대하여 대화를 나누어 보세요.

중국의 신화

우리나라에는 대표적 신화로 단군신화가 있다. 그렇다면 중국에는 어떤 신화가 있을까? 중국에는 천지창조에 관한 신화로 '반고(盤古)신화'가 전해진다.

세계가 아직 하늘과 땅으로 구분되지 않고 혼돈 상태였을 때, 반고는 알에서 태어나서 1만 8,000년의 긴 세월 동안 의식 없이 잠만 자다가, 어느 날부터 하루에 한 길씩 키가 자라나기를 다시 1만 8,000년 동안 계속하였다. 그의 키가 자라면서 머리로는 하늘을 떠밀고 다리로는 땅을 지탱하면서 하늘과 땅이 갈라지기 시작하여 오늘날과 같은 세상이 만들어졌다고 한다. 반고가 죽은 후, 그의 두 눈은 일월(日月)이 되고, 혈맥은 강하(江河)가 되고, 모발은 초목(草木)이 되었다고 한다. 또한 그의 입에서 나오는 기는 바람과 구름이 되고, 목소리는 천둥이 되고 몸은 산이 되었으며 뼈는 바위와 돌이 되었다고 한다.

중국 창세신화인 반고신화

중국에는 이러한 천지창조에 얽힌 신화 외에 인간창조에 관한 신화도 전해진다. 여신인 여와(女媧)는 황토를 빚어서 자신의 모습을 본떠서 인간을 만들고 있었다. 그러다가 싫증이 난 여와는 반죽한 진흙에 새끼줄을 넣어 휘저은 다음 새끼줄을 획 잡아당겼는데 새끼줄에서 튕겨져 나온 진흙덩이는 모두 인간이 되었다고 한다.

이렇게 해서 한 번에 많은 인간을 만들어서 오늘날 가장 많은 인구를 가진 중국 민족이 만들어졌다는 것이다. 또한 하늘에 구멍이 나서 대홍수가 났을 때 여와가 오색돌로 하늘의 구멍을 막아 홍수를 멈추게 하였다는 전설도 전해진다.

05

我哥是双眼皮，
高鼻梁。

우리 형은 쌍꺼풀에 콧날이 오뚝해.

이 과의 학습 목표

1 인물 묘사와 관련된 표현

2 '……出来' 구문 표현

3 사건의 연속 표현

- 全家福 quánjiāfú 몡 가족사진

- 叔叔 shūshu 몡 아저씨

- 阿姨 āyí 몡 아주머니

- 慈祥 cíxiáng 혱 자애롭다, 자상하다

- 父母 fùmǔ 몡 부모

- 善良 shànliáng 혱 착하다

- 长 zhǎng 동 자라다, (외모가 ~하게) 생기다

- 简直 jiǎnzhí 뷔 그야말로, 너무나, 정말로

- 一模一样 yìmúyíyàng
  솅 모양이 완전히 같다

- 外表 wàibiǎo 몡 외모, 겉모습

- 像 xiàng 동 닮다, 비슷하다

- 性格 xìnggé 몡 성격

- 完全 wánquán 뷔 완전히, 전혀

- 不同 bùtóng 혱 같지 않다, 다르다

- 外向 wàixiàng 혱 (성격이) 외향적이다

- 却 què 뷔 오히려, 반대로, 그러나

- 内向 nèixiàng 혱 (성격이) 내성적이다

- 气质 qìzhì
  몡 (외모에서 풍기는) 분위기, 기질, 성미, 성격

- 时髦 shímáo 혱 유행이다, 최신식이다

- 帅 shuài 혱 멋지다, 스마트하다

- 双眼皮 shuāngyǎnpí 몡 쌍꺼풀

- 鼻梁 bíliáng 몡 콧대, 콧날, 콧등

- 开朗 kāilǎng 혱 명랑하다, 쾌활하다

- 正直 zhèngzhí
  혱 (성질이) 바르고 곧다, 진솔하다

- 样子 yàngzi 몡 정세, 형세

- 正 zhèng 뷔 마침, 바로

- 理想型 lǐxiǎngxíng 몡 이상형

- 英俊 yīngjùn 혱 잘생기다, 재능이 출중하다

제1강세, 제2강세, 띄어 읽기로 리듬을 느끼며 다음 문장을 익혀 보세요. 🎧 05-02

1

一眼 / 就能看出来, // 这就是 / 你妹妹吧?

Yì yǎn jiù néng kàn chūlai, zhè jiù shì nǐ mèimei ba?

한눈에 알아보겠다. 이 사람이 바로 네 여동생이지?

2

我们外表 / 像是像, // 不过性格 / 完全不同。

Wǒmen wàibiǎo xiàng shì xiàng, búguò xìnggé wánquán bùtóng.

우리는 외모가 닮긴 닮았지만 성격은 완전히 달라.

3

我 / 性格外向, // 可妹妹 / 却比较内向。

Wǒ xìnggé wàixiàng, kě mèimei què bǐjiào nèixiàng.

나는 성격이 외향적이지만 여동생은 비교적 내성적이야.

4

如果没有, // 能不能 / 给我哥介绍介绍?

Rúguǒ méiyǒu, néng bu néng gěi wǒ gē jièshao jièshao?

만일 없으면 우리 형한테 소개 좀 해 줄 수 있니?

5

一看你, /// 就能知道 // 你哥 / 也一定 / 长得很帅吧?

Yí kàn nǐ, jiù néng zhīdao nǐ gē yě yídìng zhǎng de hěn shuài ba?

너를 보면 네 형도 분명히 잘생겼다는 걸 알 수 있잖아?

1 .... 🎧 05-03

이정민 这是我们的全家福。
Zhè shì wǒmen de quánjiāfú.

김민호 叔叔、阿姨看上去很慈祥。
Shūshu、āyí kàn shàngqu hěn cíxiáng.

이정민 是的，我父母都很善良，人很好。
Shìde, wǒ fùmǔ dōu hěn shànliáng, rén hěn hǎo.

김민호 一眼❶就能看出来，这就是你妹妹吧?
Yì yǎn jiù néng kàn chūlai, zhè jiù shì nǐ mèimei ba?

长得简直和你一模一样。
Zhǎng de jiǎnzhí hé nǐ yìmúyíyàng.

이정민 我们外表像是像，不过性格完全不同。
Wǒmen wàibiǎo xiàng shì xiàng, búguò xìnggé wánquán bùtóng.

我性格外向，可妹妹却比较内向。
Wǒ xìnggé wàixiàng, kě mèimei què bǐjiào nèixiàng.

김민호 这位很有气质的是谁啊?
Zhè wèi hěn yǒu qìzhì de shì shéi a?

이정민 是我姐姐。我姐可时髦啦。
Shì wǒ jiějie. Wǒ jiě kě shímáo la.

김민호 你姐姐有男朋友吗?
Nǐ jiějie yǒu nánpéngyou ma?

如果没有，能不能给我哥介绍介绍?
Rúguǒ méiyǒu, néng bu néng gěi wǒ gē jièshao jièshao?

이정민 　一看你，就能知道你哥也一定长得很帅吧？
Yí kàn nǐ, jiù néng zhīdao nǐ gē yě yídìng zhǎng de hěn shuài ba?

김민호 　我哥双眼皮，高鼻梁❷。
Wǒ gē shuāngyǎnpí, gāo bíliáng.

　　　　他性格开朗，而且非常正直。
Tā xìnggé kāilǎng, érqiě fēicháng zhèngzhí.

이정민 　看样子❸，你哥正是我姐的理想型。
Kàn yàngzi, nǐ gē zhèng shì wǒ jiě de lǐxiǎngxíng.

 아하! 그렇구나!

❶ 一眼: '한눈에' '첫눈에'라는 뜻으로, 뒤에 '就'가 함께 쓰인다.

❷ 双眼皮, 高鼻梁: 외모를 나타내는 명사술어이다.

❸ 看样子: '보아하니'라는 뜻으로, 상황을 보고 추측할 때 쓰는 표현이다.

李正民给金敏浩看她家的全家福。正民的父母很
Lǐ Zhèngmín gěi Jīn Mǐnhào kàn tā jiā de quánjiāfú. Zhèngmín de fùmǔ hěn

慈祥；正民的妹妹长得和正民一模一样，但性格却
cíxiáng; Zhèngmín de mèimei zhǎng de hé Zhèngmín yìmúyíyàng, dàn xìnggé què

完全不同；正民还有一个姐姐，很有气质，她喜欢正直
wánquán bù tóng; Zhèngmín hái yǒu yí ge jiějie, hěn yǒu qìzhì, tā xǐhuan zhèngzhí

的男人。敏浩有一个哥哥，长得非常英俊，但还没有
de nánrén. Mǐnhào yǒu yí ge gēge, zhǎng de fēicháng yīngjùn, dàn hái méiyǒu

女朋友。因此敏浩想给正民的姐姐介绍自己的哥哥。
nǚpéngyou. Yīncǐ Mǐnhào xiǎng gěi Zhèngmín de jiějie jièshào zìjǐ de gēge.

표현 날개를 달다

看上去

사람이나 사물의 외모나 외형을 관찰하여 묘사할 때 쓰는 표현이다.

叔叔，阿姨看上去很慈祥。
shūshu、āyí kàn shàngqu hěn cíxiáng.

今天的天气看上去很好。
Jīntiān de tiānqì kàn shàngqu hěn hǎo.

박스 안의 표현 중 알맞은 하나를 넣어 그림의 상황을 표현해 보세요.

> 보기
>
> 不到十岁　　并不难　　不太高兴　　非常累

①

这孩子看上去_____。

②

她看上去_____。

③

今天她看上去_____。

④

学太极拳看上去_____。

······出来

'看' '听' '闻' 등의 감각을 나타내는 동사 뒤에 쓰여 감각을 통해 알아냄을 나타낸다.

一眼就能看出来，这就是你妹妹吧?
Yì yǎn jiù néng kàn chūlai, zhè jiù shì nǐ mèimei ba?

我听出来了，他是东北人。
Wǒ tīng chūlai le, tā shì Dōngběi rén.

东北 Dōngběi 중국의 둥베이 지구

박스 안의 단어 중 알맞은 하나를 넣어 문장을 완성해 보세요.

看	听	闻
		wén 냄새를 맡다

① 听他说话，可以＿＿＿＿出来他是外国人。

② 你没＿＿＿＿出来我爱你吗?
  ài 사랑하다

③ 我可以＿＿＿＿出来，刚才有人在这儿抽烟了。

······是······，不过······

'~하기는 하다. 그러나 ~하다'의 뜻이다.

我们外表像是像，不过性格完全不同。
Wǒmen wàibiǎo xiàng shì xiàng, búguò xìnggé wánquán bùtóng.

这件衣服漂亮是漂亮，不过太贵了。
Zhè jiàn yīfu piàoliang shì piàoliang, búguò tài guì le.

괄호 안의 표현을 활용해 '······是······，不过······' 구문을 완성해 보세요.

① 这所房子＿＿＿＿＿＿＿＿＿＿＿＿。(便宜，太小了)
  suǒ 채, 동 [집을 세는 단위]

② 我＿＿＿＿＿＿＿＿＿＿＿＿＿＿。(去，今天不去)

③ 这本书我＿＿＿＿＿＿＿＿＿＿＿。(有，没看过)

④ 我的电脑＿＿＿＿＿＿＿＿＿＿＿。(旧，速度很快)

却

가벼운 역접을 나타낼 때 쓰인다.

我性格外向，可妹妹却比较内向。
Wǒ xìnggé wàixiàng, kě mèimei què bǐjiào nèixiàng.

我学了三年汉语，水平却不高。
Wǒ xué le sān nián Hànyǔ, shuǐpíng què bù gāo.

水平 shuǐpíng 수준

박스 안의 표현 중 알맞은 하나를 넣어 주어진 문장을 완성해 보세요.

> 却不太好　　　　却一滴也没喝　　　　却不让我出去
> dī 방울 [둥글게 맺힌 액체 덩이를 세는 단위]

① 他很喜欢喝酒，今天_____。

② 他学习很努力，成绩_____。

③ 我想出去，可妈妈_____。

一……，就……

앞의 사건이 일어나자마자 뒤의 사건이 바로 연이어 일어남을 나타낸다.

一看你，就能知道你哥也一定长得很帅吧？
Yí kàn nǐ, jiù néng zhīdao nǐ gē yě yídìng zhǎng de hěn shuài ba?

天气一冷，我就不想出去。
Tiānqì yì lěng, wǒ jiù bù xiǎng chūqu.

주어진 두 문장을 '一……，就……'를 활용해 하나의 문장으로 만들어 보세요.

① 我毕业。我去中国留学。　　→ _____

② 他下班。他回家。　　→ _____

③ 我紧张。我头疼。　　→ _____

④ 我听。我听出来是他的声音。　　→ _____
　　　shēngyīn 목소리

🎧 05-05

1 체형 묘사

A 这个男同学长得挺帅吧?

Zhè ge nán tóngxué zhǎng de tǐng shuài ba?

B 我觉得不怎么样，我喜欢胖一点的男人。

Wǒ juéde bù zěnmeyàng, wǒ xǐhuan pàng yìdiǎn de nánrén.

★ 바꿔 말하기

B 瘦

shòu

高

gāo

2 복장 묘사

A 戴帽子的这个同学是谁? 我怎么没见过?

Dài màozi de zhè ge tóngxué shì shéi? Wǒ zěnme méi jiànguo?

B 他是我们班新来的同学。

Tā shì wǒmen bān xīn lái de tóngxué.

★ 바꿔 말하기

A 戴眼镜

dài yǎnjìng

穿红衣服

chuān hóng yīfu

단어 胖 pàng 뚱뚱하다 | 一点 yìdiǎn 약간, 조금 | 瘦 shòu 마르다 | 戴 dài (신체에) 착용하다, 쓰다, 차다 | 帽子 màozi 모자 | 眼镜 yǎnjìng 안경 | 民警 mínjǐng 인민경찰(人民警察)의 약칭 | 同志 tóngzhì 동지[사람을 부를 때 일반적으로 쓰는 호칭] | 偷 tōu 훔치다, 도둑질하다 | 黑色 hēisè 검은색 | T恤 T xù 티셔츠 | 条 tiáo [가늘고 긴 물건을 세는 양사] | 牛仔裤 niúzǎikù 청바지

84

3 얼굴 묘사

A 听说你有个妹妹，和你长得一模一样？

Tīngshuō nǐ yǒu ge mèimei, hé nǐ zhǎng de yìmúyíyàng?

B 我们长得并不一样，她眼睛比我大。

Wǒmen zhǎng de bìng bù yíyàng, tā yǎnjing bǐ wǒ dà.

★ 바꿔 말하기

B 是双眼皮

shì shuāngyǎnpí

更像爸爸

gèng xiàng bàba

4 인상착의 묘사

A 民警同志，刚才我的钱包被偷了。

Mínjǐng tóngzhì, gāngcái wǒ de qiánbāo bèi tōu le.

B 小偷长得什么样？

Xiǎotōu zhǎng de shénmeyàng?

A 30岁左右的男子，穿着一件黑色T恤和一条牛仔裤，

Sānshí suì zuǒyòu de nánzǐ, chuān zhe yí jiàn hēisè T xù hé yì tiáo niúzǎikù,

个子和我差不多。

gèzi hé wǒ chàbuduō.

★ 바꿔 말하기

A 20岁左右的女子，穿着一条红裙子，个子比我矮一点儿

èrshí suì zuǒyòu de nǚzǐ, chuān zhe yì tiáo hóng qúnzi, gèzi bǐ wǒ ǎi yìdiǎnr

我没看清楚

méi kàn qīngchu

 **실력이 늘다**

听和说 🎧 05-06

1 녹음을 듣고 대화의 장면에 해당하는 그림에 V표해 보세요.

①  ②  ③

2 녹음을 다시 들어 보며 내용과 일치하면 O, 일치하지 않으면 X를 표시해 보세요.

① 正民最近有了男朋友。（　　）　② 正民的男朋友个子很高。（　　）

③ 正民的男朋友性格很内向。（　　）　④ 正民的男朋友眼睛很大。（　　）

写和说

1 그림을 보고 괄호 안의 표현을 활용하여 주어진 대화를 완성해 보세요.

①

A 她_____。(看上去)

B 这次考试，她考了第一名，
不高兴才怪呢。

②

A 听声音，我就能
_____。(出来)

B 那你说我是谁。

③

脸
liǎn 얼굴

A 他这个人很内向。

B 对，他_____。
(一……就……)

④

健康
jiànkāng 건강하다

A 你太瘦了，你得多吃点儿。

B 我_____。
(……是……，不过……)

1 다음 글을 읽고 아래 질문에 답해 보세요.

> 正民因为工作太忙，所以一直没有男朋友。赵亮想给正民介绍男朋友，正民告诉他，个子高不高，长得帅不帅都不重要，最重要的是要善良、正直。听了这话，赵亮笑了，他说自己的哥哥就是正民的理想型。
>
> *重要 zhòngyào 중요하다

① 正民为什么没有男朋友？

② 正民喜欢什么样的男人？

③ 赵亮想给正民介绍谁？

2 위의 글을 요약해서 말해 보세요.

1 가족 구성원들의 성격을 소개해 보세요.

2 옆 사람과 자신의 이상형에 대해 대화를 나눠 보세요.

중국의 전통 의상, 치파오

치파오(旗袍)는 원래 만주족의 남녀가 입던 복식이었으나 차츰 여성들이 입는 복식만을 가리키게 되었다. 만주족은 모두 '팔기(八旗)'의 군대에 소속되어 있어서 만주족을 '치런(旗人)'이라고 한 데에서 '치파오'라는 명칭이 유래했다.

만주족이 베이징에 들어와 청나라를 세우고 중국을 지배하면서 한족에게도 만주족의 머리스타일인 변발을 하게 했고 만주족의 복식인 치파오를 입도록 하였다. 이때부터 상의와 치마를 입던 투피스 형태의 복장이 사라지고 원피스 형태의 치파오를 입게 되었다.

치파오는 차이니즈 칼라의 원피스로 치마에는 옆트임을 주어 실용성과 여성미를 강조하였다. 원래는 박스형이었으나 차츰 허리선이 잘록해지면서 몸의 곡선을 살리는 구조로 변하였다. 또한 옆트임이 허벅지까지 올라갈 정도로 과감해지고 길이도 짧아지면서 우아한 여성의 체형미를 살려주는 의상으로서 그 아름다움을 세계에서 인정받았다. 1972년 중국을 방문한 미국 닉슨 대통령의 영부인이 치파오를 보고 중국의 인구가 이렇게 많은 이유를 알겠다고 감탄했던 일화에서 알 수 있듯이, 치파오는 여성의 관능미를 잘 표현해 주는 아름다운 의복이다.

오늘날의 치파오는 변화와 발전 과정을 거쳐, 중국의 정서를 반영하면서도 다양성과 실용성까지 겸비한 모습으로 재탄생되고 있다.

①, ② 중국의 아름다운 전통 의상 치파오

06

请问，您想买 什么鞋?

어떤 신발을 사려고 하십니까?

이 과의 학습 목표

1 상품 구매와 관련된 표현

2 짝을 나타내는 양사 표현

3 심리 변화 표현

- 鞋 xié 명 신발
- 皮鞋 píxié 명 구두
- 运动鞋 yùndòngxié 명 운동화
- 双 shuāng 양 켤레, 쌍, 매
- 遗憾 yíhàn 동 유감스럽다
- 种 zhǒng 양 종, 종류, 갈래
- 款式 kuǎnshì 명 스타일, 양식, 디자인
- 大小 dàxiǎo 명 크기
- 合适 héshì 형 적당하다, 알맞다
- 原价 yuánjià 명 원래 가격
- 打折 dǎzhé 동 할인하다
- 现价 xiànjià 명 현재 가격
- 价钱 jiàqián 명 값, 가격
- 稍微 shāowēi 부 조금, 약간, 다소
- 支付 zhīfù 동 결제하다
- 扫 sǎo 동 스캔하다
- 二维码 èrwéimǎ 명 QR코드

- 商场 shāngchǎng 명 쇼핑센터, 대형매장
- 大减价 dà jiǎnjià 빅 세일(big sale)
- 看上 kànshang 동 마음에 들다, 눈에 들다
- 售货员 shòuhuòyuán 명 판매원
- 推荐 tuījiàn 동 추천하다
- 其他 qítā 대 기타, 그 밖, 그 외
- 商品 shāngpǐn 명 상품, 물건
- 满意 mǎnyì 동 만족하다, 만족스럽다
- 最后 zuìhòu 명 최후, 마지막, 끝
- 选择 xuǎnzé 동 고르다, 선택하다

제1강세, 제2강세, 띄어 읽기로 리듬을 느끼며 다음 문장을 익혀 보세요. 🎧 06-02

①

这双鞋不错，/// 给我拿双 / 四十二号的 // 试一试。

Zhè shuāng xié búcuò, gěi wǒ ná shuāng sìshí'èr hào de shì yi shì.

이 신발이 괜찮네요. 한번 신어 보게 42호 가져다 주세요.

②

价钱 // 稍微贵了点儿，/// 能不能 / 再便宜一点?

Jiàqián shāowēi guì le diǎnr, néng bu néng zài piányi yìdiǎn?

가격이 좀 비싼데, 더 싸게 해 줄 수 없나요?

③

这是 // 今年的新款，/// 不能 / 再便宜了。

Zhè shì jīnnián de xīnkuǎn, bù néng zài piányi le.

이것은 올해 신상품이라서 더 깎아 드릴 수 없습니다.

④

您扫一下 // 这里的 / 二维码。

Nín sǎo yíxià zhèlǐ de èrwéimǎ.

여기 QR코드를 스캔하세요.

⑤

售货员 // 给他推荐 / 其他商品，/// 他都 / 不太满意。

Shòuhuòyuán gěi tā tuījiàn qítā shāngpǐn, tā dōu bú tài mǎnyì.

판매원은 그에게 다른 상품을 추천했으나, 그는 모두 마음에 들지 않았다.

① · 🎧 06-03

판매원　请问，您想买什么鞋？皮鞋还是运动鞋？
　　　　Qǐngwèn, nín xiǎng mǎi shénme xié? Píxié háishi yùndòngxié?

김민호　我想买运动鞋。这双鞋不错，
　　　　Wǒ xiǎng mǎi yùndòngxié. Zhè shuāng xié búcuò,

　　　　给我拿双四十二号❶的试一试。
　　　　gěi wǒ ná shuāng sìshíèr hào de shì yi shì.

판매원　真遗憾，四十二号的都卖完了。
　　　　Zhēn yíhàn, sìshíèr hào de dōu mài wán le.

　　　　您看这种款式的怎么样？
　　　　Nín kàn zhè zhǒng kuǎnshì de zěnmeyàng?

김민호　我不怎么喜欢这种款式的。
　　　　Wǒ bù zěnme xǐhuan zhè zhǒng kuǎnshì de.

　　　　啊，那双运动鞋挺漂亮的。
　　　　Ā, nà shuāng yùndòngxié tǐng piàoliang de.

　　　　有没有我这么大号的？
　　　　Yǒu méiyǒu wǒ zhème dà hào de?

판매원　有，请稍等❷。您试试，大小❸合不合适？
　　　　Yǒu, qǐng shāo děng. Nín shìshi, dàxiǎo hé bu héshì?

김민호　大小挺合适，款式也不错。请问，多少钱？
　　　　Dàxiǎo tǐng héshì, kuǎnshì yě búcuò. Qǐngwèn, duōshao qián?

판매원　原价400，打八折，现价320元。
　　　　Yuánjià sì bǎi, dǎ bā zhé, xiànjià sān bǎi èrshí yuán.

김민호 **价钱稍微贵了点儿，能不能再便宜一点？**
Jiàqián shāowēi guì le diǎnr, néng bu néng zài piányi yìdiǎn?

판매원 **这是今年的新款，不能再便宜了。**
Zhè shì jīnnián de xīnkuǎn, bù néng zài piányi le.

김민호 **好吧。我用手机支付。**
Hǎo ba. Wǒ yòng shǒujī zhīfù.

판매원 **好，您扫一下这里的二维码。**
Hǎo, nín sǎo yíxià zhèlǐ de èrwéimǎ.

 아하! 그렇구나!

❶ 号: 중국에서는 일반적으로 신발 치수를 '号'를 써서 표현한다. '발 사이즈(cm)×2-10'을 하면 중국의 신발 치수 '号'가 계산된다.

❷ 请稍等: '잠시 기다려 주세요'라는 뜻으로, 격식을 차리는 상황에 쓰이는 상용 표현이다.

❸ 大小: '크기'라는 뜻으로, 상반된 의미의 두 형용사를 붙여서 만든 단어이다. 이런 단어로는 '长短(chángduǎn, 길이)' '高低(gāodī, 높이)' 등이 있다.

敏浩去买运动鞋，商场正在大减价。他看上一双
Mǐnhào qù mǎi yùndòngxié, shāngchǎng zhèngzài dà jiǎnjià. Tā kànshang yì shuāng

运动鞋，但很可惜，没有他那么大号儿的。售货员给
yùndòngxié,　dàn hěn kěxī,　méiyǒu tā nàme dà hàor de.　Shòuhuòyuán gěi

他推荐其他商品，他都不太满意。最后他选择了一双
tā tuījiàn qítā shāngpǐn,　tā dōu bú tài mǎnyì.　Zuìhòu tā xuǎnzé le yì shuāng

运动鞋，这双鞋400元，因为是新款，所以只打八折。
yùndòngxié,　zhè shuāng xié sì bǎi yuán, yīnwèi shì xīnkuǎn, suǒyǐ zhǐ dǎ bā zhé.

虽然敏浩觉得有点贵，但大小合适，款式也漂亮，所以
Suīrán Mǐnhào juéde yǒudiǎn guì, dàn dàxiǎo héshì,　kuǎnshì yě piàoliang, suǒyǐ

他花320元买了这双鞋。
tā huā sān bǎi èrshí yuán mǎi le zhè shuāng xié.

표현 날개를 달다

双

원래부터 짝으로 이루어진 사물을 셀 때 쓰이는 양사이다. '신체 부위'나 '신체 부위에 착용하는 사물'에 많이 쓰인다.

给我拿双42号的试一试。
Gěi wǒ ná shuāng sìshíèr hào de shì yi shì.

他伸出一双小手紧紧握住了我的手。
Tā shēnchū yì shuāng xiǎo shǒu jǐnjǐn wòzhù le wǒ de shǒu.

伸出 shēnchū 펴다, 펼치다 ㅣ 紧紧 jǐnjǐn 꽉, 단단히

이와는 달리 '对'는 조합해서 짝을 이루게 된 대상에 많이 쓰인다.

那对夫妻住在我家附近。
Nà duì fūqī zhù zài wǒ jiā fùjìn.

夫妻 fūqī 부부

그림을 보고 괄호 안의 표현을 활용하여 주어진 문장을 완성해 보세요.

①

桌子上有＿＿＿＿＿＿＿＿＿＿。(对)

②

筷子
kuàizi 젓가락

他手里拿着＿＿＿＿＿＿＿＿＿＿。(双)

③

地上放着＿＿＿＿＿＿＿＿＿＿。(双)

不怎么

'不怎么'는 술어의 앞에 쓰여 '그다지 ~하지 않다'라는 뜻을 나타낸다.

我不怎么喜欢这种款式的。
Wǒ bù zěnme xǐhuan zhè zhǒng kuǎnshì de.

最近这些年冬天不怎么冷了。
Zuìjìn zhèxiē nián dōngtiān bù zěnme lěng le.

주어진 문장을 '不怎么'를 이용해서 부정문으로 바꾸어 보세요.

① 学汉语很难。　　　　　　→ _____

② 他们都很会唱歌。　　　　→ _____

③ 他对中国文化很感兴趣。　→ _____

打……折

'打……折'는 '10분의 ~의 가격으로 할인하다'라는 뜻이다. 즉, '打七折'는 '30%를 할인함'을 의미한다.

原价400，打八折，现价320元。
Yuánjià sì bǎi, dǎ bā zhé, xiànjià sān bǎi èrshí yuán.

这件衣服打三折，真便宜啊！
Zhè jiàn yīfu dǎ sān zhé, zhēn piányi a!

빈칸에 알맞은 수량을 써 보세요.

① 原价100元，打七折，便宜_____元。

② 本来1000元，现价500元，打_____折。

③ 原价200元，打六折，现价_____元。

稍微

'稍微'가 형용사 앞에 쓰이면 '좀 ~하다'라는 뜻을 나타낸다. 일반적으로 형용사의 뒤에 '(一)点', '(一)些'가 와서 호응한다.

价钱稍微贵了点儿，能不能再便宜一点?
Jiàqián shāowēi guì le diǎnr, néng bu néng zài piányi yìdiǎn?

这张桌子比那张桌子稍微大一些。
Zhè zhāng zhuōzi bǐ nà zhāng zhuōzi shāowēi dà yìxiē.

주어진 단어를 어순에 맞게 배열하여 문장을 완성해 보세요.

① 我 [比他 / 高 / 一点儿 / 稍微]。

　　→ _____

② 天气 [一些 / 稍微 / 暖和了]。

　　→ _____

③ 我的成绩 [好 / 一点儿 / 稍微 / 比他]。

　　→ _____

……上

여기에서 '上'은 방향보어로서 '看' '喜欢' '爱' '迷' 등의 동사 뒤에 쓰여, '마음에 들다'라는 심리적 변화를 나타낸다.

他看上一双运动鞋，但没有他那么大号儿的。
Tā kànshang yì shuāng yùndòngxié, dàn méiyǒu tā nàme dà hàor de.

为什么这么多人都会喜欢上他呢?
Wèishénme zhème duō rén dōu huì xǐhuanshang tā ne?

박스 안의 표현 중 알맞은 하나를 넣어 주어진 문장을 완성해 보세요.

> 看上　　　爱上　　　迷上

① 我_____了一件衬衣，但价格太贵了。
　　　　　　　chènyī 셔츠
② 姐姐认识他很久了，慢慢地_____了他。
③ 那些孩子都_____了电子游戏。

회화 가지를 치다

1 색상 고르기

A 款式不错，有没有其他颜色的?
Kuǎnshì búcuò, yǒu méiyǒu qítā yánsè de?

B 还有红的和蓝的。
Háiyǒu hóng de hé lán de.

★ 바꿔 말하기

B 还有白的和黄的
háiyǒu bái de hé huáng de

没有其他颜色的
méiyǒu qítā yánsè de

2 할인

A 这种商品打几折?
Zhè zhǒng shāngpǐn dǎ jǐ zhé?

B 这种商品打七折。
Zhè zhǒng shāngpǐn dǎ qī zhé.

★ 바꿔 말하기

B 不打折
bù dǎzhé

买一送一
mǎi yī sòng yī

 蓝 lán 남색, 남빛, 파란색 ┃ 白 bái 흰색, 희다 ┃ 黄 huáng 노랗다, 누렇다 ┃ 送 sòng 주다, 증정하다

3 카드 결제

A 可以用信用卡结账吗?
Kěyǐ yòng xìnyòngkǎ jiézhàng ma?

B 可以用卡结账。
Kěyǐ yòng kǎ jiézhàng.

★ 바꿔 말하기

B 对不起，只能用现金
duìbuqǐ, zhǐ néng yòng xiànjīn

现金、信用卡都可以
xiànjīn、xìnyòngkǎ dōu kěyǐ

4 반품

A 如果不合适，能不能退换?
Rúguǒ bù héshì, néng bu néng tuìhuàn?

B 一周内可以退换。
Yì zhōu nèi kěyǐ tuìhuàn.

★ 바꿔 말하기

B 如果有收据
rúguǒ yǒu shōujù

如果没拆包装
rúguǒ méi chāi bāozhuāng

单어 用 yòng 쓰다, 사용하다 | 结账 jiézhàng 계산하다, 결제하다 | 只 zhǐ 단지, 다만 | 退换 tuìhuàn (상품을) 물리고 바꾸다, 교환하다 | 收据 shōujù 영수증 | 拆 chāi 뜯다, 떼어내다 | 包装 bāozhuāng (물건을) 포장하다

실력이 늘다

听和说 🎧 06-06

1 녹음을 듣고 이후에 예상되는 상황에 V표해 보세요.

①

②

③

2 녹음을 다시 들어 보며 내용과 일치하면 O, 일치하지 않으면 X를 표시해 보세요.

① 男的买的运动鞋不打折。(　　)　　② 男的用现金结的账。(　　)

③ 女的不收信用卡。(　　)　　④ 男的今天忘了带信用卡。(　　)

写和说

1 그림을 보고 괄호 안의 표현을 활용하여 주어진 대화를 완성해 보세요.

①

A 你买了些什么？

B 我买了＿＿＿＿＿＿＿。(双)

②

A 这件衣服多少钱？

B ＿＿＿＿＿＿＿，现价400元。(打折)

③

A 今天的气温比昨天

＿＿＿＿＿＿＿。(稍微)

B 不过天气预报说因为有大风，
今天会感觉更冷。
gǎnjué 느끼다

④

A 你＿＿＿＿＿＿＿？(上)

B 是的。我下个月就要和他结婚了。
jiéhūn 결혼하다

读和说

1 다음 글을 읽고 아래 질문에 답해 보세요.

> 下星期三是大卫女朋友的生日。因为他的女朋友对中国文化很感兴趣，所以大卫决定给女朋友买一件中国的传统服装--旗袍。本来他想去服装市场买，可是现在百货商场正在大减价，因此他决定在百货商场买。他选了一件款式很新，但价格稍贵的旗袍。售货员告诉他，如果女朋友不喜欢，可以退换。
>
> ＊服装 fúzhuāng 복장 ｜ 稍 shāo 약간, 조금

① 大卫为什么给女朋友买旗袍？

② 大卫为什么决定在百货商场买？

③ 大卫买了一件怎样的旗袍？

2 위의 글을 요약해서 말해 보세요.

想和说

1 그림의 순서대로 사건을 중국어로 표현해 보세요.

大衣
dàyī 외투

大减价

看上了

打……折

信用卡

2 옆 사람과 최근에 쇼핑을 했던 일에 대해서 이야기해 보세요.

중국 그리고 중국 문화

중국의 소수민족

중국은 56개의 민족으로 이루어져 있다. 이 중 인구의 91%가 넘는 절대다수를 차지하는 '한족(汉族)'에 비하여 기타 55개 민족은 상대적으로 인구가 적기 때문에 '소수민족(少数民族)'이라고 불린다. 이들 소수민족은 대부분 변경 지역에 거주하고 있는데, 이 지역은 천연자원이 풍부하여 경제적, 전략적으로 중요시되고 있다.

소수민족은 한족과는 다른 그들만의 독특한 문화와 전통, 종교를 가지고 있고 대부분 고유의 언어와 문자를 사용하고 있다. 일례로 우리와 같은 한민족인 조선족(朝鲜族)은 우리의 말과 글을 사용하며 전통을 유지하고 있다.

소수민족 중 가장 많은 인구를 보유한 3대 소수민족은 '장족(壮族)' '만주족(满族)' '회족(回族)'이다. 또한 장족, 티벳족, 회족, 몽고족, 위구르족은 자치구(自治区)를 이루고 있다. 이밖에 자치주(自治州), 자치현(自治县)을 이루고 있는 소수민족도 있다.

윈난성(云南省)에는 25개에 이르는 다양한 소수민족이 거주하고 있다. 따라서 소수민족의 문화 정취를 느끼고 싶다면 윈난성을 여행해 보자.

중국 남방 소수민족의 하나인 동족(侗族)

윈난성 리장(丽江)의 납서족(纳西族)

07

복습 I

1 소개

1 我叫李正民，木子李，正确的正，人民的民。
Wǒ jiào Lǐ Zhèngmín, mùzi Lǐ, zhèngquè de zhèng, rénmín de mín.

2 你好！我是永达银行的职员柳雨林。
Nǐ hǎo! Wǒ shì Yǒngdá Yínháng de zhíyuán Liǔ Yǔlín.

3 我是2003年出生的，我属羊。
Wǒ shì èr líng líng sān nián chūshēng de, wǒ shǔ yáng.

4 我是首尔人。
Wǒ shì Shǒu'ěr rén.

2 일과

1 我早上在便利店打工，下了班就去上课，晚上还要去补习班学电脑。
Wǒ zǎoshang zài biànlìdiàn dǎgōng, xià le bān jiù qù shàng kè, wǎnshang hái yào qù bǔxíbān xué diànnǎo.

2 我周末不工作，或者在家看电视，或者出去和朋友们一起玩儿。
Wǒ zhōumò bù gōngzuò, huòzhě zài jiā kàn diànshì, huòzhě chūqu hé péngyoumen yìqǐ wánr.

3 我每周一、三、五，要去练瑜伽。
Wǒ měi zhōu yī、sān、wǔ yào qù liàn yújiā.

4 我晚饭后一边听音乐，一边看小说的时候最幸福。
Wǒ wǎnfàn hòu yìbiān tīng yīngyuè, yìbiān kàn xiǎoshuō de shíhou zuì xìngfú.

3 학교생활

1 我上个学期考砸了，平均只有八十分。
Wǒ shàng ge xuéqī kǎo zá le, píngjūn zhǐyǒu bāshí fēn.

2 我打算这个学期只参加吉他社的活动。
Wǒ dǎsuàn zhè ge xuéqī zhǐ cānjiā jítā shè de huódòng.

3 这个学期我选了四门专业必修课和三门专业选修课。
Zhè ge xuéqī wǒ xuǎn le sì mén zhuānyè bìxiū kè hé sān mén zhuānyè xuǎnxiū kè.

4 明天我要发表关于中国电影的报告。
Míngtiān wǒ yào fābiǎo guānyú Zhōngguó diànyǐng de bàogào.

4 취미

1 我是篮球迷。
Wǒ shì lánqiúmí.

2 对游泳，我可没什么兴趣。
Duì yóuyǒng, wǒ kě méi shénme xìngqù.

3 我最近一直没机会下棋，今天可要好好儿较量较量。
Wǒ zuìjìn yìzhí méi jīhuì xià qí, jīntiān kě yào hǎohāor jiàoliang jiàoliang.

4 我很喜欢贝多芬的交响乐。
Wǒ hěn xǐhuan Bèiduōfēn de jiāoxiǎngyuè.

5 외모

1 我性格外向，可妹妹却比较内向。
Wǒ xìnggé wàixiàng, kě mèimei què bǐjiào nèixiàng.

2 我哥双眼皮，高鼻梁。他性格开朗，而且非常正直。
Wǒ gē shuāngyǎnpí, gāo bíliáng. Tā xìnggé kāilǎng, érqiě fēicháng zhèngzhí.

3 我喜欢胖一点的男人。
Wǒ xǐhuan pàng yìdiǎn de nánrén.

4 30岁左右的男子，穿着一件黑色T恤和一条牛仔裤。
Sānshí suì zuǒyòu de nánzǐ, chuān zhe yí jiàn hēisè T xù hé yì tiáo niúzǎikù.

6 쇼핑

1 原价400元，打八折，现价320元。
Yuánjià sì bǎi yuán, dǎ bā zhé, xiànjià sān bǎi èrshí yuán.

2 我用手机支付。
Wǒ yòng shǒujī zhīfù.

3 这双鞋不错，给我拿双四十二号的试一试。
Zhè shuāng xié búcuò, gěi wǒ ná shuāng sìshíèr hào de shì yi shì.

4 如果不合适，能不能退换？
Rúguǒ bù héshì, néng bu néng tuìhuàn?

문제로 다지기

그림 속 등장인물들의 행동 및 대화를 보고 다음 문제를 풀어 보세요.

1 말풍선 속 등장인물들의 대화를 중국어로 바꾸어 쓰고 말해 보세요.

A (   )

B (   )

C (   )

D (   )

E (   )

F (   )

G (   )

2 다음 문장이 그림과 일치하는지 O, X로 표시해 보세요.

① A篮球打得不好。（   ）

② C觉得那个孩子很可爱。（   ）

③ D和E边走边谈。（   ）

④ E这次考试考得非常好。（   ）

⑤ G这周末不打工。（   ）

1 밑줄에 들어갈 알맞은 표현을 찾아 보세요.

❶ A 你每天下了课做什么?

B _____去图书馆_____回宿舍。

ⓐ 又，又　　　　　　　　ⓑ 也，也

ⓒ 一边，一边　　　　　　ⓓ 有时，有时

❷ 我一周有24_____课。

ⓐ 个　　　ⓑ 节　　　ⓒ 点　　　ⓓ 时

❸ 菜_____准备好了，大家快趁热吃吧。

ⓐ 已经　　　ⓑ 曾经　　　ⓒ 或者　　　ⓓ 一会儿

❹ 他汉语说得那么好，我还_____他是中国人呢，原来不是。

ⓐ 认为　　　ⓑ 以为　　　ⓒ 知道　　　ⓓ 认识

❺ 今天的天气看_____很好。

ⓐ 出来　　　ⓑ 下去　　　ⓒ 上去　　　ⓓ 下来

핵심 정리

① 又……又…… 하기도 하고 ~하기도 하다

也……也…… ~이고 ~이다

一边……一边…… ~하면서 ~하다

有时……有时…… 때로는 ~하고, 때로는 ~하다

② 个 [개수를 세는 양사]

节 [과목을 세는 양사]

点 [시(時)를 세는 양사]

时 때, 시대, 시기
[비교적 긴 시간을 나타냄]

③ 曾经 이전에, 이미, 벌써
[과거에 일어났던 일에 대해]

④ 认为 ~라고 여기다, ~라고 생각하다

以为 ~라고 여기다, ~라고 생각하다
[주로 '~라고 여겼는데 아니다'
라는 부정적인 어기를 내포]

2 괄호 안의 단어가 들어갈 알맞은 위치를 찾아 보세요.

❶ 她 ⓐ 现在比 ⓑ 以前 ⓒ 瘦 ⓓ 了。(多)

❷ 我 ⓐ 篮球打得 ⓑ 没有 ⓒ 你 ⓓ 好。(那么)

❸ 我 ⓐ 喜欢 ⓑ 稍微 ⓒ 胖 ⓓ 的男人。(一点)

❹ ⓐ 你 ⓑ 和敏浩 ⓒ 什么时候 ⓓ 认识的?(是)

❺ 天气一 ⓐ 冷，ⓑ 我 ⓒ 不想 ⓓ 出去。(就)

핵심 정리

① 多 훨씬, 월등히

② 那么 그렇게, 저렇게

③ 一点 약간, 조금

④ 是……的 강조 구문

⑤ 一……就…… ~하기만 하면 ~하다

3 밑줄 친 부분과 같은 의미의 단어를 찾아 보세요.

핵심 정리
① 但是 그러나
② 因此 그래서, 그로 인해
③ 可 강조를 나타냄
④ 光 단지, 오로지, 다만
⑤ 可不是 그렇고 말고, 그렇지

❶ 我去过几次中国，<u>但是</u>还没去过北京。

   ⓐ 也是　　ⓑ 还是　　ⓒ 不过　　ⓓ 所以

❷ 我参加了太多的社团活动，<u>因此</u>影响了学习。

   ⓐ 因为　　ⓑ 所以　　ⓒ 为了　　ⓓ 如果

❸ 这双鞋<u>可</u>不便宜。

   ⓐ 真　　　ⓑ 还　　　ⓒ 可能　　ⓓ 可以

❹ 我们<u>光</u>谈学校生活了，没谈别的。

   ⓐ 只　　　ⓑ 没　　　ⓒ 也　　　ⓓ 还

❺ A 他学习那么用功，拿不到奖学金才怪呢。
    B <u>可不是</u>!

   ⓐ 谁说的?　　　　　ⓑ 谁说不是!
   ⓒ 这不是真的。　　 ⓓ 我不太清楚。

4 다음 글에는 틀린 곳이 세 군데 있습니다. 찾아서 바르게 고쳐 보세요.

赵亮和王大明都是篮球迷，因此他们约了考完试，一起打篮球一场。今天晚上中国队和日本队有篮球比赛。上次因为姚小明负伤没能参赛，中国队输了。今晚金敏浩和王大明去赵亮的宿舍一起对中国队加油，他们相信今晚的比赛，中国队一定能赢。

핵심 정리
수량사는 명사 앞에 위치한다.

중국인이 좋아하는 색, 싫어하는 색

붉은색에 대한 중국인의 선호는 대단하다. 중국인에게 붉은색은 상서로움과 생명력의 상징이다. 신부의 전통 결혼 예복뿐만 아니라, 정월 초하루나 경사스러운 일이 있을 때 터뜨리는 폭죽도 붉은색이며, 축의금이나 세뱃돈을 넣어 주는 봉투 역시 붉은색이다. 중국어로 '红(붉다)'은 '번창하다' '인기가 있다'라는 의미도 갖고 있다. 또한 중국의 국기도 붉은색의 '오성홍기(五星红旗)'인 것을 보면 붉은색은 '중국을 상징하는 색'이라고 해도 과언이 아닐 것이다.

이에 비하여 흰색은 죽음을 상징한다. 흰색 상복을 입는 것은 우리와 같지만, 흰색 승용차가 많은 우리나라와 달리 중국에는 흰색 승용차가 별로 없다. 또한 우리나라에서처럼 축의금이나 세뱃돈을 건넬 때 흰색 봉투에 넣는 것은 절대 금물이다. 중국에서 흰색 봉투는 부의금을 낼 때에만 쓴다.

녹색은 어떨까? 중국어로 '녹색 모자를 쓰다'라는 의미의 '戴绿帽子'는 '아내가 바람피우다'라는 의미로 사용된다. 과거에 예인들이나 기원의 주인이 녹색 모자를 썼는데 그 부인이 창기인 경우가 많아서 이러한 표현이 생긴 것이다.

중국에서 노란색은 과거에 오행(五行) 중에 정중앙에 위치한 토(土)를 상징하여 황제의 색깔로 숭상되었으며, 평민은 노란색 옷을 입을 수 없었다. 그러나 오늘날 중국어로 '황색영화(黄色电影)'는 '에로영화'를, '황색소설(黄色小说)'은 '에로소설'을 가리키는 등 노란색은 '선정적이고 음란함을 상징하는 색'으로 전락하였다.

축의금이나 세뱃돈을 넣어주는 빨간 봉투 홍빠오

과거에 황제의 색깔로 숭상되었던 노란색

08

我们去麦当劳
吃午饭怎么样?

우리 맥도날드 가서 점심 먹는 것 어때?

이 과의 학습 목표

1 음식 주문과 관련된 표현

2 예외가 없음을 나타 내는 표현

3 조건과 추론의 표현

- 汉堡 hànbǎo 명 햄버거
  = 汉堡包 hànbǎobāo

- 麦当劳 Màidāngláo
  고유 맥도날드(MacDonald)

- 垃圾食品 lājī shípǐn 명 정크푸드

- 食堂 shítáng 명 (기관·단체 내의) 구내 식당

- 中国菜 Zhōngguó cài 명 중국 음식

- 连 lián 개 ~조차도, ~마저도, ~까지도

- 菜谱 càipǔ 명 메뉴

- 背 bèi 동 외우다

- 腻 nì 형 느끼하다, 음식이 기름지다

- 口味儿 kǒuwèir 명 입맛, 구미

- 既然 jìrán 접 기왕 그렇게 된 이상

- 午餐 wǔcān 명 점심 식사

- 开始 kāishǐ 동 시작되다

- 起来 qǐlai
  동 [어떤 동작이 시작되어 계속됨을 나타냄]

- 座位 zuòwèi 명 자리, 좌석

- 欢迎光临 huānyíng guānglín
  어서 오세요[식당이나 상점에서 손님을 맞이하는 인사말]

- 鸡 jī 명 닭

- 腿 tuǐ 명 다리

- 可乐 kělè 명 콜라

- 薯条 shǔtiáo 명 감자튀김, 프렌치프라이

- 不如 bùrú 접 ~하는 편이 낫다

- 套餐 tàocān 명 세트 음식, 세트 메뉴

- 续杯 xù bēi 동 (음료수를) 리필하다

- 咖啡 kāfēi 명 커피

- 用餐 yòng cān 동 식사를 하다, 밥을 먹다

- 带走 dàizǒu 동 가지고 가다,
  테이크아웃하다

- 由于 yóuyú 개 ~ 때문에, ~으로 인하여

문장 리듬을 만나다

제1강세, 제2강세, 띄어 읽기로 리듬을 느끼며 다음 문장을 익혀 보세요. 🎧 08-02

1

汉堡 / 喜欢是喜欢, /// 不过 / 谁都知道, /// 这是 / 垃圾食品。

Hànbǎo xǐhuan shì xǐhuan, búguò shéi dōu zhīdào, zhè shì lājī shípǐn.

햄버거를 좋아하기는 하지만 이게 정크푸드인 것은 누구나 다 알잖아.

2

一天三餐, /// 都在食堂 / 吃中国菜, /// 我连菜谱 / 都能背下来了。

Yì tiān sān cān, dōu zài shítáng chī Zhōngguó cài, wǒ lián càipǔ dōu néng bèi xiàlai le.

하루 세 끼를 모두 식당에서 중국 음식을 먹다보니, 나는 메뉴도 다 외웠어.

3

现在 // 是午餐时间, /// 人 // 开始 / 多起来了。

Xiànzài shì wǔcān shíjiān, rén kāishǐ duō qǐlai le.

지금 점심시간이라 사람이 많아지기 시작했어.

4

我看, // 您不如 / 点套餐, /// 这样 / 更便宜。

Wǒ kàn, nín bùrú diǎn tàocān, zhèyàng gèng piányi.

제가 보기에는 세트 메뉴를 시키는 것이 나을 것 같아요. 이렇게 하면 더 싸요.

5

今天 // 他想 / 换换口味儿, /// 所以 / 建议大明 / 一起去吃麦当劳。

Jīntiān tā xiǎng huànhuan kǒuwèir, suǒyǐ jiànyì Dàmíng yìqǐ qù chī Màidāngláo.

오늘 그는 입맛을 좀 바꿔 보고 싶어서 따밍에게 함께 맥도날드에 먹으러 가자고 했다.

1 08-03

데이빗 **你喜欢吃汉堡吗?**
Nǐ xǐhuan chī hànbǎo ma?

今天我们去麦当劳吃饭怎么样?
Jīntiān wǒmen qù Màidāngláo chī fàn zěnmeyàng?

왕따밍 **汉堡喜欢是喜欢, 不过谁都知道, 这是垃圾食品。**
Hànbǎo xǐhuan shì xǐhuan, búguò shéi dōu zhīdào, zhè shì lājī shípǐn.

데이빗 **可是一天三餐, 都在食堂吃中国菜,**
Kěshì yì tiān sān cān, dōu zài shítáng chī Zhōngguó cài,

我连菜谱都能背下来❶了, 真的吃腻❷了,
wǒ lián càipǔ dōu néng bèi xiàlai le, zhēn de chī nì le,

想换换口味儿。
xiǎng huànhuan kǒuwèir.

왕따밍 **既然你今天不想吃中国菜, 那我们就去吃汉堡吧!**
Jìrán nǐ jīntiān bù xiǎng chī Zhōngguó cài, nà wǒmen jiù qù chī hànbǎo ba!

데이빗 **大明, 你吃什么汉堡?**
Dàmíng, nǐ chī shénme hànbǎo?

왕따밍 **你点吧! 你吃什么, 我就吃什么。**
Nǐ diǎn ba! Nǐ chī shénme, wǒ jiù chī shénme.

데이빗 **好吧。我来点餐。现在是午餐时间,**
Hǎo ba. Wǒ lái diǎn cān. Xiànzài shì wǔcān shíjiān,

人开始多起来了。你快去找座位。
rén kāishǐ duō qǐlai le. Nǐ kuài qù zhǎo zuòwèi.

점원   欢迎光临，请点餐。
Huānyíng guānglín, qǐng diǎn cān.

데이빗   我要两个鸡腿汉堡、两杯可乐和两包薯条。
Wǒ yào liǎng ge jītuǐ hànbǎo, liǎng bēi kělè hé liǎng bāo shǔtiáo.

점원   我看，您不如点套餐，这样更便宜。
Wǒ kàn, nín bùrú diǎn tàocān, zhèyàng gèng piányi.

데이빗   那好吧。请问，能续杯吗？
Nà hǎo ba. Qǐngwèn, néng xù bēi ma?

점원   对不起，只有茶和咖啡可以。
Duìbuqǐ, zhǐyǒu chá hé kāfēi kěyǐ.

     您在这儿用餐，还是带走？
Nín zài zhèr yòng cān, háishi dàizǒu?

데이빗   在这儿吃。
Zài zhèr chī.

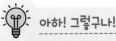 아하! 그렇구나!

❶ 下来: 방향보어 '下来'는 추상적인 의미로 '안정된 상태로 정착시킴'을 나타낸다. 여기서 '背下来'는 '외워서 기억하게 됨'을 의미한다.

❷ 腻: 동사 뒤에 결과보어 '腻'가 오면 '질리도록 ~했다'라는 뜻이다.

大卫来中国两个月了，一日三餐吃的都是中国菜。
Dàwèi lái Zhōngguó liǎng ge yuè le, yí rì sān cān chī de dōu shì Zhōngguó cài.

今天他想换换口味儿，所以建议大明一起去吃麦当劳。
Jīntiān tā xiǎng huànhuan kǒuwèir, suǒyǐ jiànyì Dàmíng yìqǐ qù chī Màidāngláo.

虽然大明知道多吃汉堡对身体不好，可是为了大卫，
Suīrán Dàmíng zhīdào duō chī hànbǎo duì shēntǐ bù hǎo, kěshì wèile Dàwèi,

他们一起来到了麦当劳。 由于是午餐时间，人很多，
tāmen yìqǐ lái dào le Màidāngláo.   Yóuyú shì wǔcān shíjiān,   rén hěn duō,

所以大明去找座位，大卫点餐。大卫点了两个鸡腿
suǒyǐ Dàmíng qù zhǎo zuòwèi,   Dàwèi diǎn cān.   Dàwèi diǎn le liǎng ge jītuǐ

汉堡套餐。
hànbǎo tàocān.

谁都……

'谁' '什么' 등의 의문사 뒤에 '都'가 더해지면 '누구나' '무엇이든지'라는 뜻이 된다.

谁都知道，这是垃圾食品。
Shéi dōu zhīdào, zhè shì lājī shípǐn.

我什么汉堡都不喜欢吃。
Wǒ shénme hànbǎo dōu bù xǐhuan chī.

'都'가 들어갈 알맞은 위치를 찾아 보세요.

① 谁 ⓐ 不 ⓑ 想 ⓒ 去旅行。

② 什么 ⓐ 时候 ⓑ 来 ⓒ 可以。

③ 他们 ⓐ 什么 ⓑ 地方 ⓒ 去过。

连……都……

'连……都……'는 '~조차도 ~하다'라는 뜻이다.

我连菜谱都能背下来了。
Wǒ lián càipǔ dōu néng bèi xiàlai le.

这个字连小孩儿都认识。
Zhè ge zì lián xiǎoháir dōu rènshi.

주어진 단어를 어순에 맞게 배열하여 문장을 완성해 보세요.

① 我 [连 / 生日 / 都 / 他的 / 忘了]。

→ _____

② 他 [连 / 看过 / 这本书 / 都]。

→ _____

③ 这个电影 [都 / 连 / 老师 / 没看过]。

→ _____

既然……

이미 알고 있는 사실을 전제로 어떤 결론을 추론해 낼 때 쓰는 접속사이다. 우리말로는 '기왕 ~ 하다면'이라고 해석된다. 뒤 절에는 접속을 나타내는 '就'가 많이 쓰인다.

既然你今天不想吃中国菜，那我们就去吃汉堡吧！
Jìrán nǐ jīntiān bù xiǎng chī Zhōngguó cài, nà wǒmen jiù qù chī hànbǎo ba!

既然你病了，就在家里休息吧。
Jìrán nǐ bìng le, jiù zài jiāli xiūxi ba.

'既然'을 이용하여 두 문장을 연결해 보세요.

① 你感冒了。你好好儿休息吧。

→ _____

② 我们来到了中国。我们应该去长城看看。

→ _____

③ 这本小说这么贵。我们别买了。

→ _____

……什么，……什么

두 개의 동일한 의문대사가 앞뒤에서 서로 호응하여 전자가 후자의 조건을 결정함을 나타낸다. '~하는 것이면 다 ~한다'라는 뜻으로 해석된다.

你吃什么，我就吃什么。
Nǐ chī shénme, wǒ jiù chī shénme.

谁会说汉语，谁就能去中国。
Shéi huì shuō Hànyǔ, shéi jiù néng qù Zhōngguó.

박스 안의 표현 중 알맞은 하나를 넣어 다음 문장을 완성해 보세요.

> 什么   怎么   什么时候

① 你想什么时候去，就_____去。

② 他想要什么，我就给他买_____。

③ 你想怎么做，我们就_____做。

······起来

방향보어 '起来'는 추상적인 의미로 '새로운 상태나 동작이 시작됨'을 나타낸다.

现在是午餐时间，人开始多起来了。
Xiànzài shì wǔcān shíjiān, rén kāishǐ duō qǐlai le.

妈妈不见了，那个小孩儿就哭起来了。
Māma bú jiàn le, nà ge xiǎoháir jiù kū qǐlai le.

'起来'를 이용하여 그림의 상황을 표현해 보세요.

①

六月了，
天气＿＿＿＿＿＿＿＿了。

②

听了我的话，
大家都＿＿＿＿＿＿＿＿了。

③

看到妈妈要走，
孩子＿＿＿＿＿＿＿＿了。

1 음료 주문

A 请问，您要茶还是果汁？
Qǐngwèn, nín yào chá háishi guǒzhī?

B 一杯红茶。
Yì bēi hóngchá.

★ 바꿔 말하기

B 绿茶
lǜchá

橙汁
chéngzhī

2 식당 예약

A 我想订桌，今晚行不行？
Wǒ xiǎng dìng zhuō, jīnwǎn xíng bu xíng?

B 请问，一共几位？
Qǐngwèn, yígòng jǐ wèi?

★ 바꿔 말하기

B 几点到
jǐ diǎn dào

您订多少钱一桌的
nín dìng duōshao qián yì zhuō de

 果汁 guǒzhī 과일주스 | 红茶 hóngchá 홍차 | 橙汁 chéngzhī 오렌지주스 | 订 dìng 예약하다 | 桌 zhuō 테이블, 상[요리상의 수를 세는 데 쓰임]

3 **음식 추가 주문**

A 请问，您还要点儿什么？
Qǐngwèn, nín hái yào diǎnr shénme?

B 一碗酸辣汤。
Yì wǎn suānlàtāng.

★ 바꿔 말하기

B 一盘宫保鸡丁
yì pán gōngbǎojīdīng

一盘糖醋牛肉
yì pán tángcùniúròu

4 **음식 조리법**

A 这些茄子怎么做好呢？
Zhèxiē qiézi zěnme zuò hǎo ne?

B 我看，最好还是炒着吃吧。
Wǒ kàn, zuìhǎo háishi chǎo zhe chī ba.

★ 바꿔 말하기

B 蒸着
zhēng zhe

炸着
zhá zhe

 단어 **盘** pán 접시[평평한 물건을 세는 양사] | **炒** chǎo (기름 따위로) 볶다 | **蒸** zhēng 찌다 | **炸** zhá (기름에) 튀기다

실력이 늘다

听和说 🎧 08-06

1 녹음을 듣고 남자가 주문한 음식에 V표해 보세요.

①

②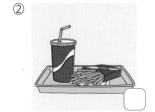

③

2 녹음을 다시 들어 보며 내용과 일치하면 O, 일치하지 않으면 X를 표시해 보세요.

① 男的喜欢吃薯条。(　　)　　② 男的想要带走。(　　)

③ 女的说套餐比较贵。(　　)　　④ 男的点了一个套餐。(　　)

写和说

1 그림을 보고 괄호 안의 표현을 활용하여 주어진 대화를 완성해 보세요.

①

A 我＿＿＿＿＿＿＿。(什么，都)

B 怎么了？肚子不舒服？

②

A 你＿＿＿＿＿＿＿。(连……都……)

B 因为我没学过汉字。

③

A 你打算带我去哪儿？

B 你＿＿＿＿＿＿＿，
我就带你去哪儿。(哪儿)

④

A 三月了，天气＿＿＿＿＿＿＿。(起来)

B 啊！春天到了，周末我们去公园玩儿吧。

1 다음 글을 읽고 아래 질문에 답해 보세요.

> 　　大卫在美国的时候常常吃汉堡包、喝可乐，所以他很胖，身体也不太好。来中国以后，他一日三餐都吃中国菜，所以比以前瘦了不少，身体也健康了很多。他的同屋敏浩今天请他吃韩国菜，他们吃了烤牛肉，大卫觉得韩国菜很好吃，对身体也很好。下次他要请敏浩吃北京烤鸭。
>
> *烤牛肉 kǎoniúròu 불고기

　① 在美国的时候大卫为什么身体不太好？

　② 敏浩请大卫吃了哪些韩国菜？

　③ 大卫要请敏浩吃什么？

2 위의 글을 요약해서 말해 보세요.

想和说

1 그림의 순서대로 사건을 중국어로 표현해 보세요.

看不懂

和中国朋友

点菜

宫保鸡丁、糖醋牛肉、酸辣汤

2 옆 사람과 식당 종업원과 손님으로 역할을 나누어 대화해 보세요.

중국 그리고 중국 문화

중국의 간식거리, 샤오츠

중국 사람들의 먹거리는 정말 풍부하고도 다양하다. 세 끼의 식사 외에 가볍게 간식으로 먹을 수 있는 음식을 '샤오츠(小吃)'라고 하는데, 베이징, 톈진, 상하이, 윈난, 시안 등 지역마다 샤오츠의 종류도 다양하다.

거우뿌리빠오즈(狗不理包子), 처우떠우푸(臭豆腐) 등의 명칭을 들어보았을 것이다. '거우뿌리빠오즈'는 톈진의 유명한 샤오츠이다. 빠오즈는 우리나라의 왕만두와 비슷하다. 돼지고기를 비롯한 각종 재료로 소를 만들고, 발효시킨 밀가루를 이용해 피를 빚는다. 흰색의 부드러운 표면과 풍부하게 배어나오는 육즙이 특징이다. 이 샤오츠는 톈진뿐만 아니라 많은 지역에서 대중적으로 즐기는 음식이다. '거우즈(狗子)'라는 이름을 가진 사람이 만든 빠오즈가 너무 맛있어 손님의 주문이 밀리자 '거우즈(狗子)'가 바빠서 손님에게 '신경을 쓰지 않는다(不理)'는 뜻에서 '거우뿌리(狗不理)'라고 불리게 되었다고 한다.

'처우떠우푸'는 후난 지역을 비롯한 중국의 여러 지역에 걸쳐서 즐겨 먹는 샤오츠이다. 냄새가 지독해서 외국인이 그 근처에 가기도 꺼리는 두부요리이기도 하다. 그러나, 직접 먹어 보면 그 맛에 감동하고 냄새도 별로 느끼지 못한다고 한다. 발효시킨 두부를 끓는 기름에 넣어서 튀긴 것으로, 표면은 바싹거리고 안은 부드럽다.

여러분도 중국을 여행할 기회가 오면 각 지역 샤오츠의 고유의 맛을 즐겨보자. 이것으로 여행의 또 다른 즐거움을 느낄 수 있을 것이다.

늘 손님이 많기로 유명한 거우뿌리빠오즈 톈진점의 전경

특유의 강한 냄새로 유명한 대표적인 중국의 샤오츠 처우떠우푸

09

最好住院
观察一下。

입원해서 좀 살펴보는 게 가장 좋겠어요.

이 과의 학습 목표

1 질병 치료와 관련된
표현

2 상황의 전환 및
강조 표현

3 조건과 결과 표현

- 腹泻 fùxiè 몡설사 통설사하다
- 症状 zhèngzhuàng 몡증상, 증후
- 持续 chíxù 통지속하다
- 病情 bìngqíng 몡병세
- 反而 fǎn'ér 부반대로, 오히려
- 更加 gèngjiā 부더욱, 더, 훨씬
- 严重 yánzhòng 혱위급하다, 심각하다
- 外套 wàitào 몡외투, 겉옷
- 解开 jiěkāi 몡열다, 풀다
- 检查 jiǎnchá 통검사하다, 점검하다
- 高烧 gāoshāo 몡고열
- 退 tuì 통내리다, 줄어들다, 감퇴하다
- 止 zhǐ 통정지하다, 멈추다, 그만두다
- 流行 liúxíng 통유행하다, 성행하다
- 肠炎 chángyán 몡장염
- 住院 zhùyuàn 통(환자가) 입원하다
- 观察 guānchá 통관찰하다, 살피다

- 治疗 zhìliáo 통치료하다
- 不然 bùrán 접그렇지 않으면
- 恶化 èhuà 통악화되다
- 出院 chūyuàn 통퇴원하다
- 至少 zhìshǎo 부적어도, 최소한
- 进行 jìnxíng 통앞으로 나아가다, 진행하다
- 仔细 zǐxì 혱세심하다, 꼼꼼하다
- 办理 bànlǐ 통처리하다, 취급하다
- 西侧 xīcè 몡서쪽
- 住院部 zhùyuànbù 몡입원 접수처
- 医院 yīyuàn 몡병원
- 看病 kànbìng 통진찰을 받다, 진찰하다, 진료하다
- 医生 yīshēng 몡의사
- 只好 zhǐhǎo 부부득이, 할 수 없이

제1강세, 제2강세, 띄어 읽기로 리듬을 느끼며 다음 문장을 익혀 보세요. 🎧 09-02

1

可／谁知／／不但没好，／／／病情／／反而／更加严重了。

Kě shéi zhī búdàn méi hǎo, bìngqíng fǎn'ér gèngjiā yánzhòng le.

그런데 나아지기는커녕 병세가 오히려 더 심해질 줄 누가 알았겠어요?

2

请把外套／解开，／／我给你／检查一下。

Qǐng bǎ wàitào jiěkāi, wǒ gěi nǐ jiǎnchá yíxià.

외투를 벗어 보세요. 진찰을 좀 해 보겠습니다.

3

高烧不退，／／腹泻不止，／／／恐怕／／是最近／流行的肠炎。

Gāoshāo bú tuì, fùxiè bù zhǐ, kǒngpà shì zuìjìn liúxíng de chángyán.

고열이 계속되고 설사가 그치지 않으니, 아마도 요즘 유행하는 장염인 것 같습니다.

4

最近／／我学习很忙，／／／可不可以／／在家／吃药治疗?

Zuìjìn wǒ xuéxí hěn máng, kě bu kěyǐ zài jiā chī yào zhìliáo?

요즘 제가 공부할 것이 많은데, 집에서 약을 먹으며 치료하면 안 되나요?

5

最好住院，／／／不然／／病情／很有可能恶化。

Zuìhǎo zhùyuàn, bùrán bìngqíng hěn yǒu kěnéng èhuà.

입원하는 것이 가장 좋겠어요. 그렇지 않으면 병세가 악화될 수 있어요.

1

09-03

의사
您哪儿不舒服？
Nín nǎr bù shūfu?

리우샤오칭
一直腹泻、发烧。
Yìzhí fùxiè, fāshāo.

의사
症状持续了多长时间了？
Zhèngzhuàng chíxù le duō cháng shíjiān le?

리우샤오칭
从三天前开始❶，身体就不大舒服，
Cóng sān tiān qián kāishǐ, shēntǐ jiù bú dà shūfu,

吃了点儿感冒药。可谁知❷不但没好，
chī le diǎnr gǎnmào yào. Kě shéi zhī búdàn méi hǎo,

病情反而更加严重了。
bìngqíng fǎn'ér gèngjiā yánzhòng le.

의사
请把外套解开，我给你检查一下。
Qǐng bǎ wàitào jiěkāi, wǒ gěi nǐ jiǎnchá yíxià.

의사
高烧不退，腹泻不止，恐怕是最近流行的肠炎。
Gāoshāo bú tuì, fùxiè bù zhǐ, kǒngpà shì zuìjìn liúxíng de chángyán.

最好住院观察一下。
Zuìhǎo zhùyuàn guānchá yíxià.

리우샤오칭
一定要住院观察吗？
Yídìng yào zhùyuàn guānchá ma?

最近我学习很忙，可不可以在家吃药治疗？
Zuìjìn wǒ xuéxí hěn máng, kě bu kěyǐ zài jiā chī yào zhìliáo?

의사　再忙也不能不顾身体呀!
Zài máng yě bù néng bú gù shēntǐ ya!

我看，你最好住院，不然病情很有可能恶化。
Wǒ kàn, nǐ zuìhǎo zhùyuàn, bùrán bìngqíng hěn yǒu kěnéng èhuà.

리우샤오칭　什么时候能出院?
Shénme shíhou néng chūyuàn?

의사　至少一个星期，
Zhìshǎo yí ge xīngqī,

这样，我们才能对病情进行仔细观察。
zhèyàng, wǒmen cái néng duì bìngqíng jìnxíng zǐxì guānchá.

리우샤오칭　在哪儿办理住院手续?
Zài nǎr bànlǐ zhùyuàn shǒuxù?

의사　请到一楼西侧的住院部办理。
Qǐng dào yī lóu xīcè de zhùyuànbù bànlǐ.

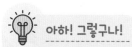 아하! 그렇구나!

❶ 从……开始: '~부터'라는 뜻으로, 시간의 기점을 나타낸다.
❷ 谁知: 의문대사 '谁'를 포함하고 있지만 의문을 나타내기보다는 '~을 생각지도 못했다'라는 뜻으로 쓰인다.

小庆从三天前开始腹泻、发烧，虽然吃了点儿感冒
Xiǎoqìng cóng sān tiān qián kāishǐ fùxiè、fāshāo, suīrán chī le diǎnr gǎmào

药，但不但没好，病情反而更加严重了，所以她今天
yào, dàn búdàn méi hǎo, bìngqíng fǎn'ér gèngjiā yánzhòng le, suǒyǐ tā jīntiān

到医院来看病。医生给她检查后，说是肠炎，让她
dào yīyuàn lái kànbìng. Yīshēng gěi tā jiǎnchá hòu, shuō shì chángyán, ràng tā

马上住院观察。小庆最近很忙，所以她希望能在家
mǎshàng zhùyuàn guānchá. Xiǎoqìng zuìjìn hěn máng, suǒyǐ tā xīwàng néng zài jiā

治疗。可是医生担心她的病情恶化，没办法，小庆只好
zhìliáo. Kěshì yīshēng dānxīn tā de bìngqíng èhuà, méi bànfǎ, Xiǎoqìng zhǐhǎo

住院治疗。
zhùyuàn zhìliáo.

不但不/没……，反而……

'不但不/没……，反而……'은 '~하기는커녕, 오히려 ~하다'라는 뜻이다.

不但没好，病情反而更加严重了。
Búdàn méi hǎo, bìngqíng fǎn'ér gèngjiā yánzhòng le.

在美国一年多，他不但没学会英文，反而把中文也忘了。
Zài Měiguó yì nián duō, tā búdàn méi xuéhuì Yīngwén, fǎn'ér bǎ Zhōngwén yě wàng le.

英文 Yīngwén 영어

세 개의 빈칸 중 두 개의 빈칸에 不但과 反而을 넣어 문장을 완성해 보세요.

① 敏浩上次考得＿＿＿＿很不好。不过他＿＿＿＿没有灰心，＿＿＿＿更加努力了。
huīxīn 낙담하다

② 雨停了，＿＿＿＿天气＿＿＿＿没有凉下来，＿＿＿＿更热了。
liáng 선선하다

③ 十年没见，她＿＿＿＿一点儿也没变，＿＿＿＿比以前＿＿＿＿更年轻了。
biàn 바뀌다, 변하다   niánqīng 젊다

再……也……

'再+형용사'가 뒤에 오는 부사 '也'와 호응하여 '더 ~하더라도 ~한다'라는 의미를 나타낸다. 뒤 절에 주어가 있으면 '也'는 그 주어 뒤에 쓴다.

再忙也不能不顾身体呀！
Zài máng yě bù néng bú gù shēntǐ ya!

天气再冷，他也用凉水洗脸。
Tiānqì zài lěng, tā yě yòng liángshuǐ xǐliǎn.

凉水 liángshuǐ 찬물 | 洗脸 xǐliǎn 얼굴을 씻다

주어진 단어를 어순에 맞게 배열하여 문장을 완성해 보세요.

① 你再忙 [不能 / 不去 / 也 / 看病]。

→ ＿＿＿＿＿＿＿＿＿＿＿＿＿＿＿＿＿＿＿

② 天气再热，[你 / 也 / 开空调 / 不要]。
kōngtiáo 에어컨

→ ＿＿＿＿＿＿＿＿＿＿＿＿＿＿＿＿＿＿＿

③ 价格再便宜，[也 / 买 / 不想 / 我]。

→ ＿＿＿＿＿＿＿＿＿＿＿＿＿＿＿＿＿＿＿

不然……

뒤 절의 맨 앞에 쓰여 '그렇지 않으면'이라는 뜻을 나타낸다. 같은 표현으로 '要不然'이 있다.

最好住院，不然病情很有可能恶化。
Zuìhǎo zhùyuàn, bùrán bìngqíng hěn yǒu kěnéng èhuà.

你们开车去吧，要不然肯定会迟到。
Nǐmen kāi chē qù ba, yàoburán kěndìng huì chídào.

迟到 chídào 지각하다

박스 안의 표현 중 알맞은 하나를 넣어 주어진 문장을 완성해 보세요.

> 大家都听不清楚　　他找不到你　　他会迟到的

① 你应该叫他快点出发，不然＿＿＿＿＿＿＿＿＿＿＿＿＿＿＿。

② 你最好在这儿等他，不然＿＿＿＿＿＿＿＿＿＿＿＿＿＿。

③ 请大声说，不然＿＿＿＿＿＿＿＿＿＿＿＿＿＿。

对……进行……

'~에 대해 ~을 하다'라는 뜻이다. '进行'의 뒤에는 쌍음절 동사가 오고, 의미상의 목적어는 '对'의 뒤에 쓰인다.

这样，我们才能对病情进行仔细观察。
Zhèyàng, wǒmen cái néng duì bìngqíng jìnxíng zǐxì guānchá.

他对中国文化进行了十年的研究。
Tā duì Zhōngguó wénhuà jìnxíng le shí nián de yánjiū.

研究 yánjiū 연구(하다)

주어진 문장을 '对……进行……'의 문장으로 바꾸어 보세요.

① 我们研究中国历史。

　→ 我们对＿＿＿＿＿＿＿＿＿进行了＿＿＿＿＿＿＿＿＿。

② 他们调查这个地方。
　 diàochá 조사(하다)
　→ 他们对＿＿＿＿＿＿＿＿＿进行了＿＿＿＿＿＿＿＿＿。

③ 学生们讨论这个问题。
　 tǎolùn 토론(하다)
　→ 学生们对＿＿＿＿＿＿＿＿＿进行了＿＿＿＿＿＿＿＿＿。

只好

술어의 앞에 쓰여 '~할 수밖에 없다'라는 뜻을 나타낸다.

医生担心她的病情恶化，小庆只好住院治疗。
Yīshēng dānxīn tā de bìngqíng èhuà, Xiǎoqìng zhǐhǎo zhùyuàn zhìliáo.

外边下雨，我们只好待在家里。
Wàibian xià yǔ, wǒmen zhǐhǎo dāi zài jiāli.

그림을 보고 내용에 맞게 주어진 문장을 완성해 보세요.

①

我忘了带手机，
只好＿＿＿＿＿＿＿＿。

②

为了能赶上火车，
我只好＿＿＿＿＿＿＿＿。

③

我的自行车坏了，
我只好＿＿＿＿＿＿＿＿。

회화 — 가지를 치다

1 의료 처치 ···

A 现在打针，可以吗？
Xiànzài dǎ zhēn, kěyǐ ma?

B 请您轻一点儿。
Qǐng nín qīng yìdiǎnr.

★ 바꿔 말하기

A 抽血
chōu xuè

输液
shū yè

2 병문안 ···

A 祝你早日康复。
Zhù nǐ zǎorì kāngfù.

B 谢谢你来医院看我。
Xièxie nǐ lái yīyuàn kàn wǒ.

★ 바꿔 말하기

B 你们也要小心别感冒
nǐmen yě yào xiǎoxīn bié gǎnmào

谢谢，我明天就能出院了
xièxie, wǒ míngtiān jiù néng chūyuàn le

 단어

轻 qīng (정도가) 경미하다, 얕다, 가볍다 | 抽血 chōu xuè 피를 뽑다 | 输液 shū yè 링거를 맞다, 수액을 놓다

134

3 증상 설명

A 从早上起，牙一直疼。
Cóng zǎoshang qǐ, yá yìzhí téng.

B 快去牙科看看吧。
Kuài qù yákē kànkan ba.

★ 바꿔 말하기

A 眼睛一直充血　　B 眼科
yǎnjing yìzhí chōngxuè　　yǎnkē

肚子一直不舒服　　内科
dùzi yìzhí bù shūfu　　nèikē

4 약 구입

A 我不小心摔倒，把脚扭伤了。
Wǒ bù xiǎoxīn shuāidǎo, bǎ jiǎo niǔshāng le.

B 这是膏药，你试试吧。
Zhè shì gāoyào, nǐ shìshi ba.

★ 바꿔 말하기

B 红花油
hónghuāyóu

止痛药
zhǐtòngyào

단어

牙 yá 이 | 牙科 yákē 치과 | 充血 chōngxuè 충혈되다 | 眼科 yǎnkē 안과 | 内科 nèikē 내과 | 摔倒 shuāidǎo 쓰러지다, 넘어지다 | 扭伤 niǔshāng 삐다, 접질리다 | 膏药 gāoyào 파스 | 红花油 hónghuāyóu 홍화유 | 止痛药 zhǐtòngyào 진통제

실력이 늘다

听和说　🎧 09-06

1 녹음을 듣고 이후에 예상되는 상황에 V표해 보세요.

① 　② 　③

2 녹음을 다시 들어 보며 내용과 일치하면 O, 일치하지 않으면 X를 표시해 보세요.

① 女的身体还不太舒服。(　　)　② 女的不想去医院看病。(　　)

③ 昨天男的陪女的去医院了。(　　)　④ 女的今天还得去医院。(　　)

写和说

1 그림을 보고 괄호 안의 표현을 활용하여 주어진 대화를 완성해 보세요.

①

A 敏浩病好了吗?

B 他＿＿＿＿＿＿＿＿，病情反而
　更加严重了。(不但不/没)

②

A 已经十点了。

B 你快走吧，＿＿＿＿＿＿＿＿啦。(不然)

③

A 天气＿＿＿＿＿＿＿，
　他也不开空调。(再)

B 他真不怕热啊!

④

A 你今天怎么坐公交车呢?

B 我的自行车坏了，
　今天＿＿＿＿＿＿＿＿。(只好)

1 다음 글을 읽고 아래 질문에 답해 보세요.

> 　　小庆平时不注意卫生。上周六她突然肚子不舒服。因为是周末，没有门诊，所以她去药店买了一些药。可是吃了药，不但没好，肚子反而更疼了。所以周一她去医院看病，医生说是肠炎，让她马上住院。在医院，小庆每天吃药、打针、输液，肠炎好了不少。医生说她周末就可以出院了。
>
> *卫生 wèishēng 위생 ｜ 突然 tūrán 갑자기 ｜ 门诊 ménzhěn 진찰을 하다 ｜ 药店 yàodiàn 약국

① 小庆得了什么病?
　 dé 얻다
② 小庆在医院是怎么治疗的?

③ 小庆什么时候出院?

2 위의 글을 요약해서 말해 보세요.

想和说

1 그림의 순서대로 사건을 중국어로 표현해 보세요.

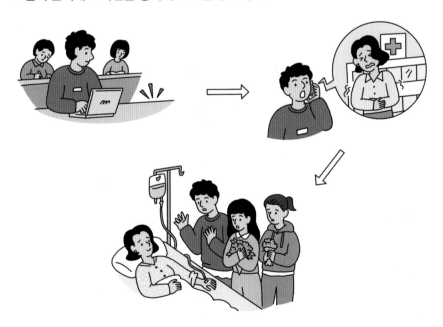

2 예전에 몸이 아팠을 때 증상이 어땠는지 또 어떻게 나았는지 옆 사람과 이야기해 보세요.

전통과 맛을 자랑하는 중국의 명주

중국의 술은 4,000여 년의 역사를 방증하듯, 종류만 해도 4,500여 종에 달하고 세계적으로 이름난 명주가 많다. '마오타이주(茅台酒)' '펀주(汾酒)' '시펑주(西凤酒)' '루저우라오쟈오터취주(泸州老窖特曲酒)'는 그중에서도 중국에서 손꼽히는 명주이다.

'마오타이주'는 수수를 주 원료로 한 것으로서, 중국 꾸이저우성(贵州省)의 마오타이(茅台) 마을에서 생산된다. 과거 마오쩌둥(毛泽东) 주석이 이 술로 미국의 닉슨 대통령을 대접하여 세계적으로 유명한 술이 되었다. 실제 중국에서는 축연의 건배주로 자주 이용된다.

'펀주'는 맑은 향을 가진 것으로 유명한데, 적당량을 마시면 추위를 쫓고 소화와 혈액 순환을 돕는다고 한다. 장시성(江西省) 펀양현(汾阳县) 싱화촌(杏花村)에서 만들어져 왔으며, 이미 1,000여 년의 역사를 갖고 있다.

'시펑주'는 산시성(陕西省) 펑샹현(凤翔县) 리우린진(柳林津)에서 제조하는 것이 제일 유명하다. 술이 맑고 투명하고 향기로우며 맛이 매우 부드럽다. 당 고종(高宗)이 마셔 보고 찬탄을 금치 못했다고 하는 이 술의 역사는 3,000년에 이른다.

'루저우라오쟈오터취주'는 쓰촨성(四川省) 루저우(泸州)에서 생산된다. 향기가 짙고 맛은 부드럽고 순하면서도 깊다. 발효 시간을 길게 한 데에 그 비법이 있다고 한다.

↳ 중국에서는 물론 전 세계적으로 유명한 명주 마오타이주

중국에서는 과거에 알코올 도수가 매우 높은 술이 주를 이루었지만, 최근에는 30도 정도의 술이 많이 개발되고 있다. 경제 수준이 높아짐에 따라 취하지 않고 술을 즐기려 하는 술 문화가 정착되려는 움직임이라 볼 수 있겠다.

10

我正要给你
打电话呢。

내가 막 네게 전화하려던 참이었어.

이 과의 학습 목표

1 전화 이용과 관련된 표현

2 상황의 가정 표현

3 과거 회상 표현

- 巧 qiǎo 혱공교롭다, 꼭 맞다
- 名片 míngpiàn 몡명함
- 万一 wànyī 젭만일, 만약
- 号码 hàomǎ 몡번호, 숫자
- 总机 zǒngjī 몡대표 전화
- 接通 jiētōng 툉연결되다, 통하다
- 拨 bō 툉(전화번호를) 누르다
- 分机 fēnjī 몡구내 전화, 내선 전화
- 留学生 liúxuéshēng 몡유학생
- 内蒙古 Nèiměnggǔ 고유네이멍구 [지명]
- 熟悉 shúxī 혱잘 알다, 익숙하다
- 旅行社 lǚxíngshè 몡여행사
- 未来 wèilái 몡미래
- 服务 fúwù 툉일하다, 서비스하다
- 质量 zhìliàng 몡질, 품질
- 水平 shuǐpíng 몡수준

- 通过 tōngguò 개~을 거쳐, ~을 통해
- 来着 láizhe 조~을 하고 있었다, ~이었다
- 查询 cháxún 툉문의하다, 알아보다
- 咨询 zīxún 툉자문하다, 상의하다
- 正巧 zhèngqiǎo 뷔마침, 공교롭게도
- 答应 dāying 툉동의하다, 승낙하다
- 并 bìng 젭그리고, 또
- 亲自 qīnzì 뷔직접, 친히, 몸소

제1강세, 제2강세, 띄어 읽기로 리듬을 느끼며 다음 문장을 익혀 보세요. 🎧 10-02

1

真是 // 太巧了， /// 我正要 // 给你 / 打电话呢。

Zhēnshi tài qiǎo le, wǒ zhèng yào gěi nǐ dǎ diànhuà ne.

정말 공교롭구나. 너한테 막 전화를 하려던 참이었어.

2

我有事 // 想找大卫， /// 可怎么 // 也找不到 / 他的名片。

Wǒ yǒu shì xiǎng zhǎo Dàwèi, kě zěnme yě zhǎo bu dào tā de míngpiàn.

내가 일이 있어서 데이빗을 찾으려는데, 도대체 그의 명함을 찾을 수가 없네.

3

万一 // 他关机， /// 我跟他 / 联系不上， // 可怎么办?

Wànyī tā guānjī, wǒ gēn tā liánxì bu shàng, kě zěnme bàn?

만일 그가 휴대전화를 꺼 두어서 내가 그와 연락이 안 되면 어쩌지?

4

我的朋友们 / 去国内外旅行， /// 一直 / 都是通过 / 未来旅行社来着。

Wǒ de péngyoumen qù guó nèi wài lǚxíng, yìzhí dōu shì tōngguò wèilái lǚxíngshè láizhe.

내 친구들이 국내외 여행을 갈 때, 줄곧 미래여행사를 통해서 했거든.

5

如果 // 你有时间， /// 周六下午 // 我可以陪你 / 去那儿咨询咨询。

Rúguǒ nǐ yǒu shíjiān, zhōuliù xiàwǔ wǒ kěyǐ péi nǐ qù nàr zīxún zīxún.

네가 시간이 있으면 토요일 오후에 내가 너를 데리고 거기 가서 상담을 해 볼 수 있어.

1 ﹒﹒﹒ 🎧 10-03

리우샤오칭　喂！是正民吗？我是小庆。
　　　　　Wéi! Shì Zhèngmín ma? Wǒ shì Xiǎoqìng.

이정민　　是小庆啊，真是太巧了，我正要给你打电话呢。
　　　　　Shì Xiǎoqìng a, zhēnshi tài qiǎo le, wǒ zhèng yào gěi nǐ dǎ diànhuà ne.

　　　　　你找我有什么事？
　　　　　Nǐ zhǎo wǒ yǒu shénme shì?

리우샤오칭　我有事想找大卫，可怎么也找不到他的名片。
　　　　　Wǒ yǒu shì xiǎng zhǎo Dàwèi, kě zěnme yě zhǎo bu dào tā de míngpiàn.

　　　　　你有没有他的联系电话？
　　　　　Nǐ yǒu méiyǒu tā de liánxì diànhuà?

이정민　　有。你听好，他的手机号是13396708987。
　　　　　Yǒu. Nǐ tīng hǎo, tā de shǒujī hào shì yāo sān sān jiǔ liù qī líng bā jiǔ bā qī.

리우샤오칭　万一他关机，我跟他联系不上❶，可怎么办？
　　　　　Wànyī tā guānjī, wǒ gēn tā liánxì bu shàng, kě zěnme bàn?

　　　　　你有没有大卫宿舍的电话号码？
　　　　　Nǐ yǒu méiyǒu Dàwèi sùshè de diànhuà hàomǎ?

이정민　　大卫宿舍的总机号是22035678，
　　　　　Dàwèi sùshè de zǒngjī hào shì èr èr líng sān wǔ liù qī bā,

　　　　　总机接通后拨❷分机号码225。
　　　　　zǒngjī jiētōng hòu bō fēnjī hàomǎ èr èr wǔ.

리우샤오칭　谢谢你。对了，你找我有什么事？
　　　　　Xièxie nǐ. Duì le, nǐ zhǎo wǒ yǒu shénme shì?

이정민　啊❸，下个月我们留学生去内蒙古旅行，
　　　À, xià ge yuè wǒmen liúxuéshēng qù Nèiměnggǔ lǚxíng,

　　　我想问问你有没有熟悉的旅行社？
　　　wǒ xiǎng wènwen nǐ yǒu méiyǒu shúxī de lǚxíngshè?

리우샤오칭　未来旅行社的服务质量和水平都很不错。
　　　Wèilái Lǚxíngshè de fúwù zhìliàng hé shuǐpíng dōu hěn búcuò.

　　　我的朋友们去国内外旅行，
　　　Wǒ de péngyoumen qù guó nèi wài lǚxíng,

　　　一直都是通过未来旅行社来着。
　　　yìzhí dōu shì tōngguò Wèilái Lǚxíngshè láizhe.

이정민　你有没有这家旅行社的电话号码？
　　　Nǐ yǒu méiyǒu zhè jiā lǚxíngshè de diànhuà hàomǎ?

리우샤오칭　我现在没有，不过我可以打114帮你查询。
　　　Wǒ xiànzài méiyǒu, búguò wǒ kěyǐ dǎ yāo yāo sì bāng nǐ cháxún.

　　　如果你有时间，周六下午我可以陪你去那儿
　　　Rúguǒ nǐ yǒu shíjiān, zhōuliù xiàwǔ wǒ kěyǐ péi nǐ qù nàr

　　　咨询咨询。
　　　zīxún zīxún.

이정민　好啊，那周六下午三点在学校门口见。
　　　Hǎo a, nà zhōuliù xiàwǔ sān diǎn zài xuéxiào ménkǒu jiàn.

　　　到时候，我们不见不散。
　　　Dào shíhou, wǒmen bújiànbúsàn.

 아하! 그렇구나!

❶ 联系不上: 동사 '联系' 뒤에 결과보어 '上'이 부가되면 연락이 닿은 결과를 나타낸다.
❷ 拨: 전화번호를 누르는 동작을 나타내는 경우에는 동사 '打'를 쓰지 않고 '拨'을 쓴다.
❸ 啊: 잊고 있던 일이 떠오를 때 쓰는 감탄사이다.

小庆有事想找大卫，可是找不到大卫的电话号码，
Xiǎoqìng yǒu shì xiǎng zhǎo Dàwèi, kěshì zhǎo bu dào Dàwèi de diànhuà hàomǎ,

所以她给正民打电话，问大卫的联系电话。正巧正民也
suǒyǐ tā gěi Zhèngmín dǎ diànhuà, wèn Dàwèi de liánxì diànhuà. Zhèngqiǎo Zhèngmín yě

正要给小庆打电话，想让她给自己介绍熟悉的旅行社。
zhèng yào gěi Xiǎoqìng dǎ diànhuà, xiǎng ràng tā gěi zìjǐ jièshào shúxī de lǚxíngshè.

正民告诉了小庆大卫的电话号码，小庆答应帮正民
Zhèngmín gàosu le Xiǎoqìng Dàwèi de diànhuà hàomǎ, Xiǎoqìng dāyìng bāng Zhèngmín

联系旅行社，并在周六亲自陪她去旅行社咨询。
liánxì lǚxíngshè, bìng zài zhōuliù qīnzì péi tā qù lǚxíngshè zīxún.

표현 날개를 달다

正要

부사 '正'과 조동사 '要'가 같이 쓰여 '마침 ~을 하려던 참이었다'라는 뜻을 나타낸다. 회화에서는 문장 끝에 조사 '呢'를 부가하는 경우가 많다.

真是太巧了，我正要给你打电话呢。
Zhēnshi tài qiǎo le, wǒ zhèng yào gěi nǐ dǎ diànhuà ne.

我们回到家的时候，他们正要离开。
Wǒmen huídào jiā de shíhou, tāmen zhèng yào líkāi.

'正要'를 이용하여 주어진 우리말 문장을 중국어로 바꿔 보세요.

① 정말 공교롭게도 나도 너를 찾으러 가려던 참이야.

→ _____

② 그가 우리 집에 왔을 때, 나는 회의에 참가하러 나가려던 참이었다.

→ _____

③ 그에게서 전화가 왔을 때, 나는 막 빨래를 하려던 참이었다.

→ _____

怎么也……

'어떻게 해도 ~하다'라는 뜻을 나타내는 구문이다.

我有事想找大卫，可怎么也找不到他的名片。
Wǒ yǒu shì xiǎng zhǎo Dàwèi, kě zěnme yě zhǎo bu dào tā de míngpiàn.

这个箱子太重了，怎么也搬不动。
Zhè ge xiāngzi tài zhòng le, zěnme yě bān bu dòng.

箱子 xiāngzi 상자

'怎么也……'를 이용하여 대화를 완성해 보세요.

① A 他同意你的意见吗？
　　　　　yìjiàn 의견
　 B 他_____。

② A 你找到我的书了吗？

　 B 我_____。

③ A 你看懂他写的字了吗？

　 B 我_____。

万一 / 如果

가정의 뜻을 나타내는 절을 이끄는 접속사로서, '만일 ~하게 된다면'이라는 뜻이다. '万一'는 '如果'보다 사건 발생 가능성이 더 희박할 때 쓴다.

万一他关机，我跟他联系不上，可怎么办？
Wànyī tā guānjī, wǒ gēn tā liánxì bu shàng, kě zěnme bàn?

万一你明天不能来，给我打个电话，好吗？
Wànyī nǐ míngtiān bù néng lái, gěi wǒ dǎ ge diànhuà, hǎo ma?

그림을 보고 주어진 문장을 완성해 보세요.

①

万一你＿＿＿＿＿＿＿＿，我们＿＿＿＿＿＿＿＿吧。

②

万一＿＿＿＿＿＿＿＿，我们＿＿＿＿＿＿＿＿去吧。

③

万一＿＿＿＿＿＿＿＿，你＿＿＿＿＿＿＿＿吧。

……来着

가까운 과거에 발생한 일을 회상할 때 쓰는 조사이다.

我的朋友们去国内外旅行，一直都是通过未来旅行社来着。
Wǒ de péngyoumen qù guó nèi wài lǚxíng, yìzhí dōu shì tōngguò Wèilái Lǚxíngshè láizhe.

我们昨天见的那个中国人，叫什么名字来着?
Wǒmen zuótiān jiàn de nà ge Zhōngguó rén, jiào shénme míngzi láizhe?

주어진 단어를 어순에 맞게 배열하여 문장을 완성해 보세요.

① 他 [刚才 / 你 / 问 / 来着 / 什么] ?

　　→ _____

② 你 [来着 / 打电话 / 给我 / 几点] ?

　　→ _____

③ 我忘了，[他 / 来着 / 大 / 多]。

　　→ _____

到时候

일반적으로 미래의 예정된 시간을 가리킬 때 쓰며, '그때가 되어서'라는 뜻을 나타낸다.

到时候，我们不见不散。
Dào shíhou, wǒmen bújiànbúsàn.

不用担心，到时候我会跟你联系的。
Bú yòng dānxīn, dào shíhou wǒ huì gēn nǐ liánxì de.

'到时候'가 들어갈 알맞은 위치를 찾아 보세요.

① ⓐ 我会 ⓑ 派人去 ⓒ 接你们的。

② 我 ⓐ 一定 ⓑ 来 ⓒ 参加你的生日晚会。
　　　　　　　　　　　　　　wǎnhuì 만찬회, 이브닝 파티

③ 我想 ⓐ 她会 ⓑ 喜欢 ⓒ 这件礼物的。

회화 가지를 치다

1 연락 방법

A 我怎么和你联系？
　Wǒ zěnme hé nǐ liánxì?

B 打我的手机吧。
　Dǎ wǒ de shǒujī ba.

★ 바꿔 말하기

B 我告诉你我的邮箱地址
　wǒ gàosu nǐ wǒ de yóuxiāng dìzhǐ

　给我发短信
　gěi wǒ fā duǎnxìn

2 전화 불통

A 你和大卫通话了吗？
　Nǐ hé Dàwèi tōnghuà le ma?

B 没有，他不接电话。
　Méiyǒu, tā bù jiē diànhuà.

★ 바꿔 말하기

B 他的手机关机
　tā de shǒujī guānjī

　一直占线
　yìzhí zhànxiàn

邮箱地址 yóuxiāng dìzhǐ 이메일 주소 | 发 fā 보내다, 부치다, 발송하다 | 短信 duǎnxìn 문자메시지 | 通话 tōnghuà 통화하다 |
占线 zhànxiàn (전화 선로가) 통화 중이다, 사용 중이다

3 부재 중 전화 확인 ···

A 刚才有没有我的电话？
　Gāngcái yǒu méiyǒu wǒ de diànhuà?

B 没有。
　Méiyǒu.

★ 바꿔 말하기

B 刚才赵亮来过电话
　gāngcái Zhào Liàng lái guo diànhuà

　这是给你的留言
　zhè shì gěi nǐ de liúyán

4 전화 받기 ···

A 请问，柳科长在吗？
　Qǐngwèn, Liǔ kēzhǎng zài ma?

B 对不起，您打错了。
　Duìbuqǐ, nín dǎcuò le.

★ 바꿔 말하기

B 请稍等
　qǐng shāo děng

　他现在不在，您一会儿再来电话吧
　tā xiànzài bú zài, nín yíhuìr zài lái diànhuà ba

留言 liúyán 남긴 말, 쪽지, 메모, 메시지

실력이 늘다

听和说 🎧 10-06

1 녹음을 듣고 이후에 예상되는 상황에 V표해 보세요.

①  ②  ③

2 녹음을 다시 들어 보며 내용과 일치하면 O, 일치하지 않으면 X를 표시해 보세요.

① 有人打电话找女的。（　　　）　　② 来电话的人留了电话号码。（　　　）

③ 女的不喜欢接电话。（　　　）　　④ 来电话的人在大韩公司上班。（　　　）

写和说

1 그림을 보고 괄호 안의 표현을 활용하여 주어진 대화를 완성해 보세요.

①

A 喂！您好！我是小庆。
请问，敏浩在吗？

B 我就是。真是太巧了，

_____。(正要)

②

A 钱包找到了吗？

B _____。(怎么也)

③

A 听天气预报说，明天可能会下雨。
你还去看展览吗？

B _____，我就不去了。(万一)

④

A 他_____？(来着)

B 今年三十。

1 다음 글을 읽고 아래 질문에 답해 보세요.

> 赵亮和小庆打算"五·一"放假期间一起去内蒙古旅行。今天赵亮正好在网上看到机票卖得很便宜，可是没有几个座位了。他想跟小庆商量一下，马上预订，所以给小庆打电话。可是上午小庆的手机关机了，办公室的电话也一直占线。下午电话打通了，可小庆又在开会。没办法，赵亮给小庆发短信，让她下班后给自己回个电话。
>
> *期间 qījiān 기간, 시간

① 赵亮为什么给小庆打电话?

② 上午赵亮为什么没能和小庆通话?

③ 下午赵亮为什么没能和小庆通话?

2 위의 글을 요약해서 말해 보세요.

想和说

1 그림의 순서대로 사건을 중국어로 표현해 보세요.

6点   厉害

已经出发   等我一会儿

2 옆 사람과 전화 통화를 한다고 가정하고 대화를 나눠 보세요.

변화하는 중국의 결혼 문화

1980년대 개혁·개방 이후, 중국에서도 부모님의 의사에 따라 결혼하던 전통적인 관습이 줄어들기 시작했다. 그리고 자유연애를 통한 당사자들 간의 의사로 결정되는 방식으로 변화하였다.

중국의 법적 혼인 연령은 남자 22세, 여자 20세이지만, 도시인들의 평균 결혼 연령은 30세를 넘기고 있다. 일반 대중들에게 가장 많이 행해지는 결혼 형식은 남녀가 국가 법률에 의거해 혼인신고를 한 후, 친구와 친지들을 초대해서 식사를 하면서 결혼 의식을 거행하는 것이다. 신랑과 신부는 양복과 웨딩드레스뿐만 아니라 전통 의상 차림으로 결혼식을 치르고 하객을 접대한다.

결혼식 당일 아침에 신랑은 승용차 행렬을 이끌고 신부와 하객들을 모시고 식장으로 떠난다. 수십 대의 고급 수입차의 행렬이 거리에서 줄을 잇는 모습을 볼 수 있는데, 이는 그 집안이 얼마나 부유하고 높은 위치에 있는지를 보여 주는 것으로써, 중국인 특유의 허례허식이라 할 수 있다.

중국에서 결혼은 부부가 그들의 낭만적인 감성을 최대한 누리는 기회이기도 하다. 1990년대부터 중국에서도 웨딩 사진을 전문으로 찍는 사진관이 많이 생기기 시작했다. 웨딩드레스나 전통 의상을 입고 사진 촬영을 하고 싶어하는 중국인들은 사진관에 적지 않은 돈을 지불하고 하루나 이틀 일정으로 아름답고 행복한 모습을 촬영한다.

기쁨과 행복이 두 배가 되는 의미의 쌍희(囍)

최근 현실적이고 개성을 추구하는 젊은이들은 다양한 방식의 결혼을 추구하기도 한다. 혼례를 아주 간단하게 치르거나 아예 혼례를 치르지 않고 혼인신고만 하고 사는 젊은이들도 적지 않다. 중국어로 전자를 소우훈(瘦婚), 후자를 루오훈(裸婚)이라고 부르기도 한다.

11

你们坐过站了。

당신들은 정류장을 지나쳤습니다.

이 과의 학습 목표

1
교통수단 이용
표현

2
두 가지 상황의
동시 존재 표현

3
형용사 강조 표현

4
가정 및 양보를
나타내는 표현

단어 시작이 반이다

🎧 11-01

- 刷卡 shuā kǎ (동) 카드로 결제하다 [각종 카드로 결제 시 카드기에 위아래로 긁는 행동에서 비롯됨]

- 一般 yìbān (형) 보통이다, 일반적이다

- 交通卡 jiāotōngkǎ 교통카드

- 找钱 zhǎo qián (동) 돈을 거슬러주다, 거스름돈을 주다

- 提前 tíqián (동) (예정된 시간을) 앞당기다

- 既 jì (접) ~할 뿐만 아니라

- 宽敞 kuānchang (형) 넓다, 널찍하다

- 空调 kōngtiáo (명) 에어컨

- 舒适 shūshì (형) 편안하다, 쾌적하다

- 趟 tàng (양) 차례, 편, 번

- 直接 zhíjiē (부) 바로

- 西单 Xīdān (고유) 시딴 [베이징의 한 지명]

- 偏偏 piānpiān (부) 기어코, 일부러, 굳이

- 路线 lùxiàn (명) 노선

- 欣赏 xīnshǎng (동) 감상하다

- 沿途 yántú (명) 길가

- 司机 sījī (명) 기사, 운전사, 기관사

- 师傅 shīfu (명) 기사님, 선생님

- 过 guò (동) (~한 지점을) 지나다, 경과하다

- 糟 zāo (형) (일 또는 상황이) 나쁘다, 잘못되다

- 该 gāi (조동) (마땅히) ~해야 한다

- 交谈 jiāotán (동) 이야기를 나누다

- 不得不 bùdébù (부) 어쩔 수 없이, 반드시

154

제1강세, 제2강세, 띄어 읽기로 리듬을 느끼며 다음 문장을 익혀 보세요. 🎧11-02

①

一般／都用交通卡，／／不过／现金也可以。

Yìbān dōu yòng jiāotōngkǎ, búguò xiànjīn yě kěyǐ.

보통은 교통카드를 사용하는데 현금도 가능해.

②

这车／／既宽敞／又干净，／还有空调，／／挺舒适。

Zhè chē jì kuānchang yòu gānjìng, hái yǒu kōngtiáo, tǐng shūshì.

이 차는 넓고 깨끗한데다 에어컨도 있고 너무 편하다.

③

你为什么／／从来／不坐地铁，／／／偏偏要／坐公交车呢?

Nǐ wèishénme cónglái bú zuò dìtiě, piānpiān yào zuò gōngjiāochē ne?

너는 왜 여태껏 지하철은 타지 않고, 굳이 버스만 타려고 해?

④

坐公交车／／不但／能熟悉路线，／／／而且／能欣赏／沿途的风景。

Zuò gōngjiāochē búdàn néng shúxī lùxiàn, érqiě néng xīnshǎng yántú de fēngjǐng.

버스를 타면 길을 잘 익힐 수 있을 뿐만 아니라, 길가의 풍경을 감상할 수도 있잖아.

⑤

由于／／车／堵得很厉害，／／／所以／／他们不得不／走回去。

Yóuyú chē dǔ de hěn lìhai, suǒyǐ tāmen bùdébù zǒu huíqu.

차가 너무 막혀서 그들은 걸어서 되돌아 갈 수밖에 없었다.

1 .... 🎧 11-03

이정민 **坐公交车用现金还是刷卡？**
Zuò gōngjiāochē yòng xiànjīn háishi shuā kǎ?

자오량 **一般都用交通卡，不过现金也可以。**
Yìbān dōu yòng jiāotōngkǎ, búguò xiànjīn yě kěyǐ.

用现金的话，上车不找钱，
Yòng xiànjīn dehuà, shàngchē bù zhǎo qián,

一定要提前准备好零钱。
yídìng yào tíqián zhǔnbèi hǎo língqián.

• • • • • • • •

이정민 **这车既宽敞又干净，还有空调，挺舒适。**
Zhè chē jì kuānchang yòu gānjìng, hái yǒu kōngtiáo, tǐng shūshì.

我们还要换地铁吗？
Wǒmen hái yào huàn dìtiě ma?

자오량 **不用，这趟车直接到西单。**
Búyòng, zhè tàng chē zhíjiē dào Xīdān.

이정민 **你为什么从来不坐地铁，偏偏要坐公交车呢？**
Nǐ wèishénme cónglái bú zuò dìtiě, piānpiān yào zuò gōngjiāochē ne?

자오량 **坐公交车不但能熟悉路线，**
Zuò gōngjiāochē búdàn néng shúxī lùxiàn,

而且能欣赏沿途的风景，所以就是堵车，
érqiě néng xīnshǎng yántú de fēngjǐng, suǒyǐ jiùshì dǔ chē,

我也坐公交车。
wǒ yě zuò gōngjiāochē.

이정민　啊❶，我们在哪儿下车？
Ā, wǒmen zài nǎr xià chē?

자오량　(对司机) 师傅，请问离西单还有几站？
(duì sījī) Shīfu, qǐngwèn lí Xīdān hái yǒu jǐ zhàn?

기사　你们坐过站了。
Nǐmen zuò guò zhàn le.

자오량　哎哟，这可糟了。……
Āiyō, zhè kě zāo le. ……

师傅，能不能在这儿停一下？
Shīfu, néng bu néng zài zhèr tíng yíxià?

기사　不行！在下一站下车吧！
Bù xíng! Zài xià yí zhàn xiàchē ba!

· · · · · · · · ·

이정민　现在我们该怎么办呢？再坐回去？
Xiànzài wǒmen gāi zěnme bàn ne? Zài zuò huíqu?

자오량　车堵得很厉害，我们还是走回去吧。
Chē dǔ de hěn lìhai, wǒmen háishi zǒu huíqu ba.

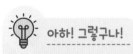
아하! 그렇구나!

❶ 啊: 급박한 상황에서 놀라움을 나타내는 감탄사로서 짧게 발음한다.

赵亮和正民约好一起去西单，因为赵亮不喜欢
Zhào Liàng hé Zhèngmín yuēhǎo yìqǐ qù Xīdān, yīnwèi Zhào Liàng bù xǐhuan

坐地铁，所以他们一起坐公交车。他们坐的车很干净、
zuò dìtiě, suǒyǐ tāmen yìqǐ zuò gōngjiāochē. Tāmen zuò de chē hěn gānjìng,

很宽敞，而且有空调，非常舒适。在车上，他们一边
hěn kuānchang, érqiě yǒu kōngtiáo, fēicháng shūshì. Zài chē shang, tāmen yìbiān

交谈，一边欣赏沿途的风景，但是坐过了站。由于车
jiāotán, yìbiān xīnshǎng yántú de fēngjǐng, dànshì zuò guò le zhàn. Yóuyú chē

堵得很厉害，所以他们不得不❷走回去。
dǔ de hěn lìhai, suǒyǐ tāmen bùdébù zǒu huíqu.

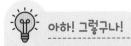 아하! 그렇구나!

❷ 不得不: 두 개의 부정사를 사용하여 강한 긍정을 나타낸다. '~하지 않을 수 없다'라는 뜻이다.

표현 날개를 달다

偏偏

일반적인 상황과 달리 행동함을 나타내며, '굳이' '기어코'라는 뜻으로 해석된다.

你为什么从来不坐地铁，偏偏要坐公交车呢？
Nǐ wèishénme cónglái bú zuò dìtiě, piānpiān yào zuò gōngjiāochē ne?

这个时间车堵得很厉害，可他偏偏要开车去。
Zhè ge shíjiān chē dǔ de hěn lìhai, kě tā piānpiān yào kāi chē qù.

'偏偏'을 이용하여 그림의 상황을 표현해 보세요.

①

他不喜欢喝啤酒，

也不喜欢喝葡萄酒，
pútáojiǔ 와인, 포도주

_____。

②

MENU

又辣又咸的菜对身体不好，
xián 짜다

可他_____。

③

广告
guǎnggào
광고

他看电视，别的都不喜欢看，

_____。

不但……，而且……

'~뿐만 아니라 ~하기도 하다'란 뜻으로, 두 가지 상황이 모두 존재함을 나타낸다.

不但能熟悉路线，而且能欣赏沿途的风景。
Búdàn néng shúxī lùxiàn, érqiě néng xīnshǎng yántú de fēngjǐng.

她不但长得很漂亮，而且很聪明。
Tā búdàn zhǎng de hěn piàoliang, érqiě hěn cōngming.

'不但……，而且……'와 괄호 안의 표현을 활용해 주어진 문장을 완성해 보세요.

① 这家饭馆的菜_____。(很好吃，价格很便宜)

② 我们班的同学_____。(会唱歌，会跳舞)

③ 汉语_____。(不难，越学越有意思)

可……了

형용사의 앞에 '可'가 부가되면 정도를 강조하는 기능을 한다. 뒤에 조사 '了'가 와서 호응한다.

哎哟，这可糟了，坐过站了。
Āiyō, zhè kě zāo le, zuò guò zhàn le.

今天天气好，公园里的人可多了。
Jīntiān tiānqì hǎo, gōngyuán li de rén kě duō le.

'可……了'를 이용하여 그림의 상황을 표현해 보세요.

①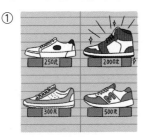

②

③

这双运动鞋

这把椅子
bǎ [자루가 있는 사물을 세는 단위]

她的男朋友

_____ 。　　_____ 。　　_____ 。

该

'~해야 한다'라는 뜻으로 가벼운 의무를 나타낸다.

现在我们该怎么办呢?
Xiànzài wǒmen gāi zěnme bàn ne?

都九点了，我该走了。
Dōu jiǔ diǎn le, wǒ gāi zǒu le.

'该'가 들어갈 알맞은 위치를 찾아 보세요.

① ⓐ 我的护照 ⓑ 丢了，ⓒ 怎么办呢?

② 中秋节就 ⓐ 要到了，ⓑ 我们 ⓒ 去买月饼了。

③ 已经 ⓐ 十一点了，ⓑ 你们 ⓒ 回宿舍去了。

就是……，也……

'설사 ~할지라도 ~하다'라는 뜻이다. '就是'는 양보의 의미를 나타내는 접속사로서, 뒤 절에 '也'가 와서 호응한다.

就是堵车，我也坐公交车。
Jiùshì dǔ chē, wǒ yě zuò gōngjiāochē.

就是大家都反对，他也要这么做。
Jiùshì dàjiā dōu fǎnduì, tā yě yào zhème zuò.

反对 fǎnduì 반대하다

박스 안의 표현 중 알맞은 하나를 넣어 주어진 문장을 완성해 보세요.

考得好	生气	生病

① 就是＿＿＿＿＿＿＿＿，也得参加考试。

② 就是＿＿＿＿＿＿＿＿，你也不能骂人。
mà 욕하다

③ 就是＿＿＿＿＿＿＿＿，也不能骄傲。
jiāo'ào 거만하다, 교만하다

회화 가지를 치다

1 노선 확인

A 去长安街坐几路公交车?
Qù Cháng'ān Jiē zuò jǐ lù gōngjiāochē?

B 先坐12路，在西单倒8路。
Xiān zuò shí'èr lù, zài Xīdān dǎo bā lù.

★ 바꿔 말하기

B 没有去那儿的公交车
méiyǒu qù nàr de gōngjiāochē

现在是下班高峰时间，你不如坐地铁
xiànzài shì xià bān gāofēng shíjiān, nǐ bùrú zuò dìtiě

2 버스 시간 확인

A 下趟车什么时候到?
Xià tàng chē shénme shíhou dào?

B 还得等十分钟。
Hái děi děng shí fēn zhōng.

★ 바꿔 말하기

B 你看，车来了
nǐ kàn, chē lái le

末班车刚刚离开
mòbānchē gānggāng líkāi

 단어 倒 dǎo 바꾸다, 갈다, 전환하다, 변동시키다 | 末班车 mòbānchē 막차 | 刚刚 gānggāng 막, 방금

3 **택시 하차 지점 설명**

A 请问，我把车给您停在哪儿？
Qǐngwèn, wǒ bǎ chē gěi nín tíng zài nǎr?

B 前边靠边儿停。
Qiánbian kàobiānr tíng.

★ 바꿔 말하기

B 掉头后在马路对面停
diàotóu hòu zài mǎlù duìmiàn tíng

在第二个红绿灯前停
zài dì èr ge hónglǜdēng qián tíng

4 **도착 지연 이유 설명**

A 你为什么来晚了？
Nǐ wèishénme lái wǎn le?

B 路上车堵得太厉害。
Lùshang chē dǔ de tài lìhai

★ 바꿔 말하기

B 我坐过站了
wǒ zuò guò zhàn le

我坐错车了
wǒ zuò cuò chē le

 靠边儿 kàobiānr 길 옆으로 붙다 ㅣ 掉头 diàotóu (배·자동차 등이) 방향을 되돌리다, 유턴하다 ㅣ 红绿灯 hónglǜdēng 신호등

연습 실력이 늘다

听和说 🎧 11-06

1 녹음을 듣고 이후에 예상되는 상황에 V표해 보세요.

①  ②  ③

2 녹음을 다시 들어 보며 내용과 일치하면 O, 일치하지 않으면 X를 표시해 보세요.

① 女的想坐地铁。(　　　)　　② 男的觉得现在车堵得很厉害。(　　　)

③ 男的不想和女的一起走。(　　　)　　④ 女的说他们不会迟到。(　　　)

写和说

1 그림을 보고 괄호 안의 표현을 활용하여 주어진 대화를 완성해 보세요.

①

A 今天天气＿＿＿＿＿＿。(可……了)

B 你多穿点儿，别感冒！

②

A 这件衣服怎么样？

B 不但质量不好，＿＿＿＿＿＿＿＿＿＿。
(而且)

③

A 你们再坐一会儿走吧。

B 已经十点了。时间不早了，

＿＿＿＿＿＿＿＿＿。(该)

④

A 车堵得那么厉害，
你为什么＿＿＿＿＿＿＿呢？(偏偏)

B 地铁人太多了。

1 다음 글을 읽고 아래 질문에 답해 보세요.

> 　　春天到了，天气暖和了。周末赵亮带正民去八角游乐园一边玩儿一边看风景。骑车去，有点儿远，再说正民骑车的技术也不太高；坐地铁去，人太多，而且还要换车；坐出租车去，每公里2元，车费太贵；坐公交车去，虽然有时会堵车，但车内既宽敞，又干净，还有空调，很舒适，所以他们决定坐公交车去。
>
> *游乐园 yóulèyuán 놀이공원 ǀ 技术 jìshù 기술 ǀ 公里 gōnglǐ 킬로미터(km)

　① 赵亮为什么带正民去八角游乐园？

　② 他们为什么不骑车去？

　③ 他们为什么坐公交车去？

2 위의 글을 요약해서 말해 보세요.

想和说

1 그림의 순서대로 사건을 중국어로 표현해 보세요.

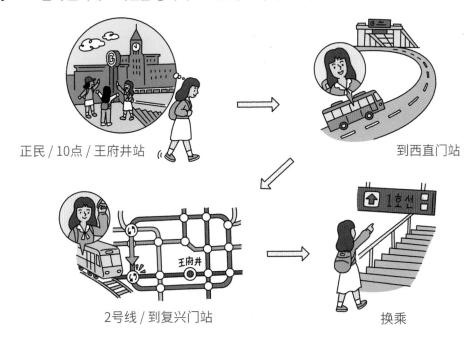

正民 / 10点 / 王府井站

到西直门站

2号线 / 到复兴门站

换乘

2 매일 어떻게 등교 또는 출근하는지 옆 사람과 이야기해 보세요.

중국 그리고 중국 문화

중국의 TV 방송

중국의 호텔에서 묵게 되어 TV를 켜면 채널이 상당히 많음을 알 수 있다. 중국의 국영방송인 CCTV(中国中央电视台, China Central Television)에만 40여 개의 채널이 중국 전역에 송출되고 있으며, 이 밖에도 수백 개의 방송사와 수천 개의 방송 채널이 있다. 중국 TV 방송의 시청률을 장르별로 보면 드라마 시청률이 가장 높고, 그 다음으로 뉴스와 예능의 시청률이 높다. 드라마는 과거의 역사극 위주의 소재에서 확장되어 현재를 배경으로 남녀 간의 애정, 가족사 등 다양한 소재의 드라마가 인기를 끌고 있다.

중국 정부는 TV 프로그램에 대한 심의가 까다로운 편이다. 또한 외국 방송 콘텐츠 수입과 배급 규제를 강화하고 있으며 주요 시간대 방송을 금지하고 있다.

과거에 TV는 온 가족이 모이는 거실의 중앙에 위치하고 있었고, TV 드라마는 세대가 공감하는 매개체 역할을 했다. 그러나 점차 젊은 세대를 중심으로 스마트폰을 통한 인터넷 동영상 시청이 늘어가면서 TV보다는 인터넷 동영상 사이트를 통해 다양한 장르를 접하는 인구가 늘고 있다.

우리나라와 마찬가지로 중국에서도 인터넷 동영상 플랫폼을 이용하는 인구가 증가함에 따라 중국의 TV 시청률은 계속 하락하는 추세이다. 이에 따라 중국 방송국의 광고 수입도 지속적으로 하락하는 반면에, 인터넷 동영상 사이트의 광고 수입은 급성장하고 있다. 앞으로도 방송 매체에 큰 변화가 예상된다.

①, ② 중국 전역에 방송을 내보내고 있는 CCTV 본사 전경

12

我想把这个
包裹寄往韩国。

이 소포를 한국으로 부치려고 합니다.

이 과의 학습 목표

1 우체국 이용과 관련된 표현

2 추측·짐작의 표현

3 '既……，也……' 구문 표현

- 包裹 bāoguǒ 명소포, 보따리
- 寄 jì 동(우편으로) 부치다, 보내다
- 邮政 yóuzhèng 명우편 행정
- 专用 zhuānyòng 명전용 동전용하다
- 纸箱 zhǐxiāng 명종이 상자
- 购买 gòumǎi 동사다, 구매하다
- 重新 chóngxīn 부새로, 다시
- 包装 bāozhuāng 동(물건을) 포장하다
- 空运 kōngyùn 동비행기로 수송하다
- 海运 hǎiyùn 동배로 수송하다
- 按照 ànzhào 개~에 의해, ~에 따라
- 规定 guīdìng 동규정하다, 정하다
- 期间 qījiān 명기간, 시간
- 说不定 shuōbudìng 동~일지도 모른다
- 地址 dìzhǐ 명주소
- 填写 tiánxiě 동써 넣다, 기입하다
- 物品 wùpǐn 명물품
- 名称 míngchēng 명명칭
- 数量 shùliàng 명수량, 양
- 单价 dānjià 명단가

- 总额 zǒng'é 명총액
- 邮费 yóufèi 명우편 요금
- 称 chēng 동(무게를) 측정하다, 달다
- 正好 zhènghǎo 부마침, 공교롭게도
- 公斤 gōngjīn 양킬로그램(kg)
- 丢失 diūshī 동잃다, 잃어버리다
- 挂号 guàhào 동(편지를) 등기로 부치다
- 绝对 juéduì 부완전히, 절대로, 반드시
- 国际 guójì 명국제
- 营业员 yíngyèyuán 명점원, 판매원
- 必须 bìxū 부반드시 ~해야 한다
- 邮寄 yóujì 동우송하다
- 方式 fāngshì 명방식, 방법
- 分 fēn 동나누다, 가르다, 분류하다
- 节省 jiéshěng 동아끼다, 절약하다
- 重量 zhòngliàng 명중량, 무게
- 计算 jìsuàn 동계산하다, 산출하다, 셈하다
- 共计 gòngjì 동합계하다, 합하여 계산하다
- 保证 bǎozhèng 동보증하다, 담보하다
- 邮件 yóujiàn 명우편물

제1강세, 제2강세, 띄어 읽기로 리듬을 느끼며 다음 문장을 익혀 보세요. 🎧 12-02

①

您这 / 不是 // 邮政专用纸箱， /// 请 / 购买纸箱后 // 重新包装。

Nín zhè bú shì yóuzhèng zhuānyòng zhǐxiāng, qǐng gòumǎi zhǐxiāng hòu chóngxīn bāozhuāng.

이건 우편 전용 상자가 아니니까 상자를 구매한 후에 다시 포장해 주세요.

②

但现在 / 是春运期间， /// 说不定 // 还会晚 / 两三天。

Dàn xiànzài shì chūnyùn qījiān, shuōbudìng hái huì wǎn liǎng sān tiān.

그렇지만 지금은 춘제 운송 기간이어서 2~3일 더 늦을지도 모르겠어요.

③

在表上 // 既要 / 填写地址， /// 也要 // 写明 / 物品的名称。

Zài biǎo shang jì yào tiánxiě dìzhǐ, yě yào xiěmíng wùpǐn de míngchēng.

용지에 주소도 기입해야 하고 물품의 명칭도 써야 합니다.

④

如果 // 您寄 / 挂号包裹的话， /// 绝对 / 不会丢失。

Rúguǒ nín jì guàhào bāoguǒ dehuà, juéduì bú huì diūshī.

등기 소포로 부치면 절대로 분실되지 않아요.

⑤

邮费 // 是按照 / 邮寄物品的价格 / 和重量 / 计算的。

Yóufèi shì ànzhào yóujì wùpǐn de jiàgé hé zhòngliàng jìsuàn de.

우편 요금은 우편물의 가격과 무게에 따라 계산됩니다.

1 ·· 🎧 12-03

김민호 　我想把这个包裹寄往韩国。
　　　　Wǒ xiǎng bǎ zhè ge bāoguǒ jì wǎng Hánguó.

우체국 직원 　您这不是邮政专用纸箱，
　　　　Nín zhè bú shì yóuzhèng zhuānyòng zhǐxiāng,

　　　　请购买纸箱后重新包装。
　　　　qǐng gòumǎi zhǐxiāng hòu chóngxīn bāozhuāng.

김민호 　到韩国大概要多长时间？
　　　　Dào Hánguó dàgài yào duō cháng shíjiān?

우체국 직원 　您是空运还是海运？
　　　　Nín shì kōngyùn háishi hǎiyùn?

김민호 　如果是空运，要多长时间？
　　　　Rúguǒ shì kōngyùn, yào duō cháng shíjiān?

우체국 직원 　按照规定一个星期就能到，但现在是春运❶期间，
　　　　Ànzhào guīdìng yí ge xīngqī jiù néng dào, dàn xiànzài shì chūnyùn qījiān,

　　　　说不定还会晚两三天。
　　　　shuōbudìng hái huì wǎn liǎng sān tiān.

김민호 　这是什么？包裹箱上已经写明了地址，
　　　　Zhè shì shénme? Bāoguǒ xiāng shang yǐjīng xiěmíng le dìzhǐ,

　　　　表上也要写吗？
　　　　biǎo shang yě yào xiě ma?

우체국 직원 　是的，在表上既要填写地址，
　　　　Shì de, zài biǎo shang jì yào tiánxiě dìzhǐ,

　　　　也要写明物品的名称、数量、单价和总额。
　　　　yě yào xiěmíng wùpǐn de míngchēng、shùliàng、dānjià hé zǒng'é.

김민호 邮费是多少？
Yóufèi shì duōshao?

우체국 직원 称一称，才能知道。
Chēng yi chēng, cái néng zhīdao.

······正好10公斤，1320元。
······ Zhènghǎo shí gōngjīn, yì qiān sānbǎi èrshí yuán.

김민호 包裹不会❷丢失吧？
Bāoguǒ bú huì diūshī ba?

우체국 직원 如果您寄挂号包裹的话，绝对不会丢失。
Rúguǒ nín jì guàhào bāoguǒ dehuà, juéduì búhuì diūshī.

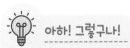 아하! 그렇구나!

❶ 春运: 운수업계에서 춘제(우리나라의 설날과 같은 명절) 전후의 운송 기간을 일컫는 말이다.

❷ 不会: 추측을 나타내는 '会'의 부정형으로 '~할 리가 없다'라는 뜻이다.

敏浩去邮局寄国际包裹。营业员❸告诉他，必须
Mǐnhào qù yóujú jì guójì bāoguǒ. Yíngyèyuán gàosu tā, bìxū

购买邮政专用纸箱。邮寄方式分空运和海运，空运
gòumǎi yóuzhèng zhuānyòng zhǐxiāng. Yóujì fāngshì fēn kōngyùn hé hǎiyùn, kōngyùn

虽然比海运贵，但能节省不少时间，所以敏浩选择了
suīrán bǐ hǎiyùn guì, dàn néng jiéshěng bù shǎo shíjiān, suǒyǐ Mǐnhào xuǎnzé le

空运。邮费是按照邮寄物品的价格和重量计算的，
kōngyùn. Yóufèi shì ànzhào yóujì wùpǐn de jiàgé hé zhòngliàng jìsuàn de,

共计1320元。最后，为了保证包裹不会丢失，营业员
gòngjì yì qiān sānbǎi èrshí yuán. Zuìhòu, wèile bǎozhèng bāoguǒ bú huì diūshī, yíngyèyuán

还建议敏浩寄挂号邮件。
hái jiànyì Mǐnhào jì guàhào yóujiàn.

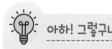

아하! 그렇구나!

❸ 营业员: 점원·판매원 등을 총칭하는 단어이다. 여기서는 우체국 직원을 가리킨다.

······往

寄·送·开·飞·通 등의 동사 뒤에 쓰여 이동의 방향을 나타낸다.

我想把这个包裹寄往韩国。
Wǒ xiǎng bǎ zhè ge bāoguǒ jì wǎng Hánguó.

这列火车开往北京。
Zhè liè huǒchē kāi wǎng Běijīng.

列 liè 줄, 열 [행렬을 이룬 사람이나 사물]

박스 안의 표현 중 알맞은 하나를 넣어 주어진 문장을 완성해 보세요.

开往	寄往	飞往	送往

① 这架飞机_____首尔。
　　jià [기계를 세는 단위]

② 我要坐_____北京站的公交车。

③ 这封信是_____美国的。

④ 救护车把病人_____附近的医院。
　　jiùhùchē 구급차

按照······

'어떤 것을 표준이나 기준으로 삼아서 따른다'라는 뜻의 개사이다.

按照规定一个星期就能到。
Ànzhào guīdìng yí ge xīngqī jiù néng dào.

我们按照年龄进行分班。
Wǒmen ànzhào niánlíng jìnxíng fēn bān.

年龄 niánlíng 연령, 나이

'按照······'와 박스 안의 표현을 활용해 문장을 완성해 보세요.

学校规定	现在的速度	计划	你说的

① 我会_____去做的。

② _____，我们三点以前就能到。

③ _____，我今年年底回国。
　　niándǐ 연말

④ _____，我们要穿校服。
　　xiàofú 교복

说不定

'~일지도 모른다'라는 뜻으로, 추측이나 짐작을 나타낸다.

但现在是春运期间，说不定还会晚两三天。
Dàn xiànzài shì chūnyùn qījiān, shuōbudìng hái huì wǎn liǎng sān tiān.

他发烧了，说不定明天不能来上课。
Tā fā shāo le, shuōbudìng míngtiān bù néng lái shàng kè.

박스 안의 표현 중 알맞은 하나를 넣어 주어진 문장을 완성해 보세요.

说不定能拿到奖学金　　生病了　　说不定今天会停课　　要下大雨了

①　天阴得这么厉害，说不定＿＿＿＿＿＿＿＿＿。
　　yīn 흐리다
②　今天他不来，说不定＿＿＿＿＿＿＿＿＿。
③　听说老师出差了，＿＿＿＿＿＿＿＿＿。
　　　　　　chūchāi 출장 가다
④　他考得不错，＿＿＿＿＿＿＿＿＿。

既……，也……

'~할 뿐만 아니라 ~하다'라는 뜻이다. 앞의 말에 덧붙여 뒤의 말을 하고자 할 때 쓴다.

在表上既要填写地址，也要写明物品的名称、数量、单价和总额。
Zài biǎo shang jì yào tiánxiě dìzhǐ, yě yào xiěmíng wùpǐn de míngchēng、shùliàng、dānjià hé zǒng'é.

这件衣服既很漂亮，也很便宜。
Zhè jiàn yīfu jì hěn piàoliang, yě hěn piányi.

'既……，也……'와 괄호 안의 표현을 활용해 주어진 문장을 완성해 보세요.

①　这个＿＿＿＿＿＿＿＿＿＿＿＿＿＿＿＿。(不是你的，不是我的)
②　这个周末我＿＿＿＿＿＿＿＿＿＿＿＿＿＿。(要洗衣服，要打扫房间)
③　我＿＿＿＿＿＿＿＿＿＿＿＿＿＿。(不认识他，不认识他弟弟)
④　他＿＿＿＿＿＿＿＿＿＿＿＿＿＿。(是我的老师，是我的好朋友)

正好

시간이나 수량, 위치나 정도 등이 '딱 맞음'을 표현할 때 쓴다.

称一称，才能知道。正好10公斤，1320元。
Chēng yi chēng, cái néng zhīdao. Zhènghǎo shí gōngjīn, yì qiān sānbǎi èrshí yuán.

你来得正好。
Nǐ lái de zhènghǎo.

'正好'를 이용하여 그림의 상황을 표현해 보세요.

①

我到教室的时候，

_____。

②

我家_____。

③

这双鞋_____。

④

100元

您这件衣服_____。

1 배송 방법

A 我想给上海的小张寄一件生日礼物，怎么寄比较好？

Wǒ xiǎng gěi Shànghǎi de Xiǎo Zhāng jì yí jiàn shēngrì lǐwù, zěnme jì bǐjiào hǎo?

B 去邮局寄吧。

Qù yóujú jì ba.

★ 바꿔 말하기

B 给速递公司打个电话吧

gěi sùdì gōngsī dǎ ge diànhuà ba

我下星期去上海，我帮你带过去吧

wǒ xià xīngqī qù Shànghǎi, wǒ bāng nǐ dài guòqu ba

2 우편 종류

A 请问，您寄什么邮件？

Qǐngwèn, nín jì shénme yóujiàn?

B 我寄挂号信。

Wǒ jì guàhào xìn.

★ 바꿔 말하기

B 快件

kuàijiàn

平信

píngxìn

단어 速递公司 sùdì gōngsī 택배 회사 | 快件 kuàijiàn 속달, 특급 우편, 빠른우편 | 平信 píngxìn 보통 우편

3 우편봉투 확인

A 您好，我想寄信。
Nín hǎo, wǒ xiǎng jì xìn.

B 对不起，您没贴邮票。
Duìbuqǐ, nín méi tiē yóupiào.

★ 바꿔 말하기

B 写收信人姓名
xiě shōuxìnrén xìngmíng

写邮政编码
xiě yóuzhèng biānmǎ

4 문서 전달

A 能把文件用传真给我传过来吗？
Néng bǎ wénjiàn yòng chuánzhēn gěi wǒ chuán guòlai ma?

B 好的，我马上给您传过去。
Hǎo de, wǒ mǎshàng gěi nín chuán guòqu.

★ 바꿔 말하기

A		B
电子邮件 diànzǐ yóujiàn	发过来 fā guòlai	发过去 fā guòqu
快递 kuàidì	送过来 sòng guòlai	送过去 sòng guòqu

단어

贴 tiē 붙이다 | 邮票 yóupiào 우표 | 收信人 shōuxìnrén 수신인 | 姓名 xìngmíng 성명 | 邮政编码 yóuzhèng biānmǎ 우편번호 | 文件 wénjiàn 문서, 문건 | 传真 chuánzhēn 팩스 | 传 chuán 전하다 | 快递 kuàidì 특급 우편

听和说 🎧 12-06

1 녹음을 듣고 대화의 장면에 해당하는 그림에 V표해 보세요.

①  ②  ③

2 녹음을 다시 들어 보며 내용과 일치하면 O, 일치하지 않으면 X를 표시해 보세요.

① 男的下个星期就回国了。(   )　② 女的要寄一件礼物。(   )

③ 女的想知道怎么寄最便宜。(   )　④ 男的要给邮局打电话。(   )

写和说

1 그림을 보고 괄호 안의 표현을 활용하여 주어진 대화를 완성해 보세요.

①

A 这辆公交车
　　liàng 대[차량을 세는 단위]
　　_____吗? (……往北京站)

B 是的，北京站是终点站。
　　　　　　zhōngdiǎnzhàn 종점

②

A 他怎么每次都借我的手机呢?

B _____。
　我从来没看过他带手机。(说不定)

③

A 这本书是你的还是他的?

B 这本书_____，
　是从图书馆借的。(既……也……)

1 다음 글을 읽고 아래 질문에 답해 보세요.

> 　　新年快要到了。敏浩想给家人和朋友寄一些小礼物。他来到邮局，先买了纸箱，给家人寄去了一些北京的特产，然后他买了一些有关北京古迹的画片，寄给了自己的朋友，最后他帮大卫寄了一封国际特快信件。正巧邮局正在卖纪念邮票，他买了两套漂亮的邮票。
>
> *特产 tèchǎn 특산(물) | 有关 yǒuguān ～에 관계되다

① 敏浩为什么去邮局？

② 敏浩给家人和朋友寄了些什么？

③ 敏浩在邮局买什么了？

2 위의 글을 요약해서 말해 보세요.

想和说

1 그림의 순서대로 사건을 중국어로 표현해 보세요.

2 옆 사람과 우체국에서 우편물을 부친 경험을 이야기해 보세요.

중국의 대학 입시, 까오카오

중국에서 고등학교 졸업 예정자들은 대학에 입학하기 위해 우리나라의 수학능력시험과 유사한 시험인 '까오카오(高考)'를 본다. 그 정식 명칭은 '普通高等学校招生全国统一考试'이다.

학생들은 이 까오카오 성적을 가지고 대학에 지원을 할 수 있다. 지역에 따라 약간의 차이가 있지만, '대학입학지원서(普通高校招生考生志愿表)'로는 일반적으로 대학을 4~6개까지 지원할 수 있고, 각 대학마다 6개의 학과를 지원할 수 있도록 되어 있다.

까오카오는 중국 전역에 걸쳐서 1년에 1회 시행되는데, 일반적으로 6월 초에 실시된다. 시험 일수는 지역에 따라서 차이가 있는데 최소 이틀 동안 시험을 실시하지만, 길게는 나흘 동안 시험을 실시하는 곳도 있다. 시험 과목으로는 필수공통과목으로 어문, 수학, 외국어가 있고, 선택과목으로는 정치, 역사, 지리, 물리, 생물, 화학 등에서 선택하는데 그 방식과 과목 수는 지역마다 조금씩 차이가 있다.

중국은 지역이 넓은 만큼 대학도 많다. 전국 100위 안에 들면 좋은 대학으로 칠 수 있다. 최근 수 년 동안 '베이징대(北京大学)' '칭화대(清华大学)' '푸단대(复旦大学)' '저장대(浙江大学)' '상하이쟈오통대(上海交通大学)' '난징대(南京大学)' '화중커지대(华中科技大学)' '시안쟈오통대(西安交通大学)' 등이 10위 안에 자주 드는 대학들이다. 중국에서 이러한 좋은 대학을 졸업하면 사회적 경쟁에서 우월성을 갖게 되므로 까오카오를 잘 봐서 좋은 대학에 보내려는 중국의 교육열은 그 어느 나라 못지 않다.

①, ② 매년 약 천만 명에 가까운 수험생이 응시하는 까오카오

13

这个假期我打算去旅行。

이번 방학에 나는 여행을 가려고 해.

1

여행과 관련된 표현

2

'不是……，就是……'
구문 표현

3

우선 순위 선택 표현

- 眼看 yǎnkàn 부 곧, 바로, 이제

- 放假 fàngjià
  동 방학하다, (학교나 직장이) 쉬다

- 计划 jìhuà 명 계획, 방안

- 多 duō 수 남짓, 여

- 地方 dìfang 명 장소, 곳

- 一块儿 yíkuàir 부 함께, 같이

- 商量 shāngliang 동 상의하다, 의논하다

- 南方 nánfāng 명 남방 지역, 남쪽 지방

- 苏州 Sūzhōu 고유 쑤저우 [지명]

- 杭州 Hángzhōu 고유 항저우 [지명]

- 俗话 súhuà 명 속담, 옛말

- 天堂 tiāntáng 명 천당, 천국

- 嘛 ma 조 [서술문 맨 뒤에 쓰여 당연함을 나타냄]

- 游览 yóulǎn 동 유람하다

- 够 gòu 형 충분하다, 넉넉하다

- 顺便 shùnbiàn 부 ~하는 김에, 겸사겸사

- 与其 yǔqí 접 ~하기보다는, ~하느니

- 花钱 huāqián 동 (돈을) 쓰다, 소비하다

- 顺路 shùnlù 부 가는 길에, 오는 길에

- 宾馆 bīnguǎn 명 호텔

- 上网 shàng wǎng 동 인터넷에 접속하다

- 一致 yízhì 명 일치 동 일치하다

- 美景 měijǐng 명 아름다운 경치

- 查找 cházhǎo 동 찾다, 알아보다

문장 리듬을 만나다

제1강세, 제2강세, 띄어 읽기로 리듬을 느끼며 다음 문장을 익혀 보세요.　🎧 13-02

1

我来中国／一年多了，／／／可／／没去过／什么地方。

Wǒ lái Zhōngguó yì nián duō le, kě méi qù guo shénme dìfang.

나는 중국에 온 지 1년이 넘었지만, 별로 가 본 데가 없다.

2

那／／我们一块儿／商量商量，／／／你说／／去哪儿／好呢?

Nà wǒmen yíkuàir shāngliang shāngliang, nǐ shuō qù nǎr hǎo ne?

그러면 우리 같이 상의 좀 해 보자. 어디 가는 게 좋겠어?

3

我／／虽然／去过南方，／／／可／／还没去过／苏州、杭州。

Wǒ suīrán qù guo nánfāng, kě hái méi qù guo Sūzhōu、Hángzhōu.

나는 남쪽을 가 보기는 했지만 쑤저우, 항저우는 아직 못 가 봤어.

4

如果顺便／去趟上海，／／／恐怕／要八九天。

Rúguǒ shùnbiàn qù tàng Shànghǎi, kǒngpà yào bā jiǔ tiān.

만약 그 김에 상하이를 간다면 8~9일은 걸릴 거야.

5

与其／／以后花钱／再去上海，／／／不如／／这次顺路／去上海转转。

Yǔqí yǐhòu huāqián zài qù Shànghǎi, bùrú zhè cì shùnlù qù Shànghǎi zhuànzhuan.

다음에 돈 들여서 다시 상하이에 가느니 이번에 가는 길에 상하이를 들러 보는 게 낫겠다.

1 .... 🎧 13-03

데이빗 眼看就要放假了，假期有没有什么特别的计划？
Yǎnkàn jiù yào fàngjià le, jiàqī yǒu méiyǒu shénme tèbié de jìhuà?

김민호 我来中国一年多了，可每天不是学校就是宿舍，
Wǒ lái Zhōngguó yì nián duō le, kě měitiān bú shì xuéxiào jiù shì sùshè,

没去过什么地方，所以这个假期我打算去旅行❶。
méi qù guo shénme dìfang, suǒyǐ zhè ge jiàqī wǒ dǎsuàn qù lǚxíng.

데이빗 正好我也想去旅行，我们一起去，怎么样？
Zhènghǎo wǒ yě xiǎng qù lǚxíng, wǒmen yìqǐ qù, zěnmeyàng?

김민호 当然好啦。那我们一块儿商量商量，
Dāngrán hǎo la. Nà wǒmen yíkuàir shāngliang shāngliang,

你说去哪儿好呢？
nǐ shuō qù nǎr hǎo ne?

데이빗 我虽然去过南方，可还没去过苏州、杭州，
Wǒ suīrán qù guo nánfāng, kě hái méi qù guo Sūzhōu、Hángzhōu,

我们去那儿看看，怎么样？
wǒmen qù nàr kànkan, zěnmeyàng?

김민호 好啊，俗话说"上有天堂，下有苏杭"❷嘛，
Hǎo a, súhuà shuō "Shàng yǒu tiāntáng, xià yǒu Sū Háng" ma,

我正想去那儿看一看呢。
wǒ zhèng xiǎng qù nàr kàn yi kàn ne.

데이빗 游览苏州、杭州，五六天就够了，如果顺便去趟❸
Yóulǎn Sūzhōu、Hángzhōu, wǔ liù tiān jiù gòu le, rúguǒ shùnbiàn qù tàng

上海，恐怕要八九天。
Shànghǎi, kǒngpà yào bā jiǔ tiān.

김민호 与其以后花钱再去上海，
Yǔqí yǐhòu huāqián zài qù Shànghǎi,

不如这次顺路去上海转转。
bùrú zhè cì shùnlù qù Shànghǎi zhuànzhuan.

데이빗 那就这么决定了。
Nà jiù zhème juédìng le.

김민호 好的，我们赶快预订火车票和宾馆吧。
Hǎo de, wǒmen gǎnkuài yùdìng huǒchē piào hé bīnguǎn ba.

데이빗 行，现在就上网查查。
Xíng, xiànzài jiù shàng wǎng chácha.

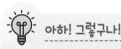 아하! 그렇구나!

❶ 旅行: '旅行'은 자동사이므로 뒤에 목적어가 올 수 없다. 따라서 '중국을 여행하다'는 '旅行中国'가 아니라 '去中国旅行'이다.

❷ 上有天堂，下有苏杭: 직역하면 '하늘에는 천당이 있고 땅에는 쑤저우와 항저우가 있다'라는 뜻이다. 즉, '쑤저우와 항저우가 지상의 천당과 같이 아름답다'라는 의미이다.

❸ 趟: 이 문장에서 '趟'은 '一趟'에서 '一'가 생략된 형태로, 갔다 오는 횟수를 나타내는 양사이다. 어느 곳에 갔다가 돌아오는 경우에 사용한다.

敏浩来中国一年多了，可是没去过什么地方。
Mǐnhào lái Zhōngguó yì nián duō le, kěshì méi qù guo shénme dìfang.

所以他打算利用假期在中国旅游。 大卫也打算放假的
Suǒyǐ tā dǎsuàn lìyòng jiàqī zài Zhōngguó lǚyóu. Dàwèi yě dǎsuàn fàngjià de

时候，在中国转转。俗话说"上有天堂，下有苏杭"。
shíhou, zài Zhōngguó zhuànzhuan. Súhuà shuō "Shàng yǒu tiāntáng, xià yǒu Sū Háng".

他们一致决定去欣赏苏、杭的美景。 因为上海离苏州、
Tāmen yízhì juédìng qù xīnshǎng Sū、Háng de měijǐng. Yīnwèi Shànghǎi lí Sūzhōu、

杭州很近，所以他们决定顺路再去逛逛上海。 现在
Hángzhōu hěn jìn, suǒyǐ tāmen juédìng shùnlù zài qù guàngguang Shànghǎi. Xiànzài

他们正坐在电脑前查找火车票和宾馆呢。
tāmen zhèng zuò zài diànnǎo qián cházhǎo huǒchē piào hé bīnguǎn ne.

……多

'~여' '~남짓'이라는 뜻으로, '주어진 숫자보다 약간 많은 대략의 수'를 나타낸다. '多'는 숫자가 '0'으로 끝나면 수사와 양사의 사이에 오고 숫자가 '0'으로 끝나지 않으면 양사의 뒤에 온다.

他已经三十多岁了。 Tā yǐjīng sānshí duō suì le.	我来中国一年多了。 Wǒ lái Zhōngguó yì nián duō le.

단, 수사가 '10'이고 양사가 연속량을 나타내면 '多'는 양사의 앞과 뒤에 모두 올 수 있다. 그러나 그 의미는 다르다. 예를 들어서, '十斤多肉'는 '10.1근부터 10.9근 사이의 임의의 수'를 나타내고, '十多斤肉'는 '11근부터 19근 사이의 임의의 수'를 나타낸다.

연속량을 나타내지 않는 양사 '个'는 위와 같이 쓸 수 없다. 예를 들어 '十个多人'으로 표현할 수 없는데, 이는 '10.1명' '10.2명' '10.3명'이라는 표현이 불가능하기 때문이다.

'多'가 들어갈 알맞은 위치를 찾아 보세요.

① 我买了两 ⓐ 斤 ⓑ 苹果。

② 我给他写了十 ⓐ 封 ⓑ 信。

③ 今天一百 ⓐ 个 ⓑ 人参加了会议。

不是……，就是……

'~가 아니면 ~이다'라는 뜻으로, 반드시 둘 중의 하나임을 나타낸다.

我每天不是学校就是宿舍，没去过什么地方。
Wǒ měitiān bú shì xuéxiào jiù shì sùshè, méi qù guo shénme dìfang.

他每次不来上课，不是说生病，就是说家里有事。
Tā měi cì bù lái shàng kè, bú shì shuō shēng bìng, jiù shì shuō jiāli yǒu shì.

'不是⋯⋯就是⋯⋯'를 이용하여 그림의 상황을 표현해 보세요.

①

我觉得她

_____。

②

他每周末

_____。

③

我们每次爬山

_____。

④

我们在一起

_____。

没⋯⋯什么⋯⋯

부정문에서 '什么'는 의문 용법이 아니라 불확실한 대상을 나타낸다.

我来中国一年多了，可是没去过什么地方。
Wǒ lái Zhōngguó yì nián duō le, kěshì méi qù guo shénme dìfang.

今天我上街，没买什么。
Jīntiān wǒ shàngjiē, méi mǎi shénme.

'什么'가 들어갈 알맞은 위치를 찾아 보세요.

① 对 ⓐ 学校的 ⓑ 生活，我没有 ⓒ 不满。
  bùmǎn 불만족하다, 불만

② 我 ⓐ 和他 ⓑ 没有 ⓒ 关系。

③ 他 ⓐ 跟我 ⓑ 没说 ⓒ 。

顺便

'어떤 일을 하는 김에 다른 일을 하는 경우'를 표현할 때 쓴다.

如果顺便去趟上海，恐怕要八九天。
Rúguǒ shùnbiàn qù tàng Shànghǎi, kǒngpà yào bā jiǔ tiān.

我下班回家的时候，可以顺便来看你。
Wǒ xià bān huí jiā de shíhou, kěyǐ shùnbiàn lái kàn nǐ.

'顺便'를 이용하여 그림 상황을 표현해 보세요.

① 　② 　③

如果你去邮局

_____。

你回家的时候，

_____，好不好？

她每天骑车回家，

_____。

与其……，不如……

'~하기보다는 ~하는 게 낫다'라는 뜻으로, 두 가지 선택사항 가운데 두 번째 것이 더 나음을 나타낸다.

与其以后花钱再去上海，不如这次顺路去上海转转。
Yǔqí yǐhòu huāqián zài qù Shànghǎi, bùrú zhè cì shùnlù qù Shànghǎi zhuànzhuan.

与其在这儿等，不如去找他。
Yǔqí zài zhèr děng, bùrú qù zhǎo tā.

다음 두 가지 선택사항을 '与其……，不如……'의 문장에 올바르게 넣어 보세요.

① 整天在家看电视 / 出去转转　→　_____

② 你一个人去 / 我们一起去　→　_____

③ 借书看 / 买书看　→　_____

④ 出去吃 / 在家吃　→　_____

1 교통편 예약

A 我想预订6月3号去上海的机票。
Wǒ xiǎng yùdìng liù yuè sān hào qù Shànghǎi de jī piào.

B 请告诉我您的姓名和电话号码。
Qǐng gàosu wǒ nín de xìngmíng hé diànhuà hàomǎ.

★ 바꿔 말하기

A 火车票
huǒchē piào

船票
chuán piào

B 只有软座票了
zhǐyǒu ruǎnzuò piào le

票都卖完了
piào dōu màiwán le

2 탑승 장소 확인

A 开往北京的长途汽车在几号口上车?
Kāi wǎng Běijīng de chángtú qìchē zài jǐ hào kǒu shàng chē?

B 五号口。
Wǔ hào kǒu.

★ 바꿔 말하기

A 开往	火车	站台上车	**B** 站台
kāi wǎng	huǒchē	zhàntái shàng chē	zhàntái
飞往	飞机	登机口登机	登机口
fēi wǎng	fēijī	dēngjīkǒu dēngjī	dēngjīkǒu

 长途汽车 chángtú qìchē 장거리 버스 | 口 kǒu 출입구 | 站台 zhàntái 플랫폼(platform) | 登机口 dēngjīkǒu 비행기 탑승구

190

3 체류 기간

A 你打算在上海待多长时间?
Nǐ dǎsuàn zài Shànghǎi dāi duō cháng shíjiān?

B 住三天。
Zhù sān tiān

★ 바꿔 말하기

B 住到下周三
zhù dào xià zhōu sān

还没决定
hái méi juédìng

4 입장권 구입

A 外国学生也能买学生票吗?
Wàiguó xuésheng yě néng mǎi xuésheng piào ma?

B 对不起，外国学生不行。
Duìbuqǐ, wàiguó xuésheng bù xíng.

★ 바꿔 말하기

A		B	
我们 wǒmen	团体票 tuántǐ piào	20人以下 èrshí rén yǐxià	
这个孩子 zhè ge háizi	儿童票 értóng piào	1.5米以上 yì mǐ wǔ yǐshàng	

住 zhù 숙박하다, 묵다 | 团体 tuántǐ 단체 | 以下 yǐxià 이하 | 儿童 értóng 아동, 어린이 | 以上 yǐshàng 이상

실력이 늘다

听和说 🎧 13-06

1 녹음을 듣고 대화의 장면에 해당하는 그림에 V표해 보세요.

①  ☐

②  ☐

③  ☐

2 녹음을 다시 들어 보며 내용과 일치하면 O, 일치하지 않으면 X를 표시해 보세요.

① 男的打算去西安旅行。(　　)

② 他们打算一起去旅行。(　　)

③ 女的要预订机票。(　　)

④ 女的说在网上预订机票更便宜。(　　)

写和说

1 그림을 보고 괄호 안의 표현을 활용하여 주어진 대화를 완성해 보세요.

①

A 赵亮在哪儿?

B 他＿＿＿＿＿＿＿＿＿＿。
　(不是……，就是……)

②

A 如果你出去，＿＿＿＿＿＿＿＿＿＿。
　(顺便)

B 我现在正要去关门呢。

③

A 天阴得这么厉害，
　＿＿＿＿＿＿＿＿＿＿。(恐怕)

B 我们没带伞，早点儿回去吧。

④

A 我们去看电影，怎么样?

B 天气这么好，＿＿＿＿＿＿＿＿＿＿。
　(与其……，不如……)

1 다음 글을 읽고 아래 질문에 답해 보세요.

> 　　快放假了，大卫打算假期回国时，顺便去趟香港。到了香港，他想先去海边游泳，然后去百货商场给家人和女朋友买些礼物。在香港，他还要去香港中文大学见高中同学。他的同学现在在那儿教英文。他的同学要请大卫吃好吃的中国菜，还要带他去看香港最美的夜景。

① 大卫打算回国时顺便去什么地方？

② 在香港他打算做什么？

③ 大卫的朋友在香港做什么？

2 위의 글을 요약해서 말해 보세요.

想和说

1 다음 그림을 보고 두 사람의 여행 계획을 말해 보세요.

2 중국으로 여행을 갔던 경험이나 여행을 갈 계획에 대하여 옆 사람과 이야기해 보세요.

중국 그리고 중국 문화

홍콩특별행정구

홍콩(香港)은 중국 남동부에 있는 특별행정구이다. 'Hong Kong'이라는 명칭은 '香港'의 광둥화(广东话) 발음에서 유래했고, 정식 행정명칭은 '중화인민공화국홍콩특별행정구(中华人民共和国香港特别行政区)'이다. 1997년에 중국으로 귀속되기 전까지 홍콩은 100여 년 동안 영국에 할양되었다. 크게 홍콩섬(香港岛), 지우룽(九龙), 신제(新界)의 세 지역으로 나눌 수 있다. 이 세 지역은 세 번의 불평등 조약에 의해서 영국에 할양되었다. 아편전쟁에서 패한 청나라는 1842년 남경조약에 의해 홍콩섬을 할양하였고, 또 1860년 제2차 아편전쟁의 패배로 지우룽 반도를 영국에 귀속시키게 되었다. 그리고 중일전쟁이 끝난 1898년에 영국은 신제까지 조차(租借)하게 되었고 그 기간은 1997년 6월 30일까지였다. 1997년 7월 1일, 홍콩은 축포 소리와 함께 비로소 중국에 반환되었다.

제2차 세계대전 후 홍콩은 경제, 사회적으로 급성장하여, 소위 아시아의 네 마리 용 중 하나가 되었을 뿐만 아니라, 세계에서 손꼽히는 부유한 지역으로 금융 및 해운의 중심이 되었다. 중국 반환 후 한동안 사회 경제적 불안감이 있었으나 나름대로 독자적인 질서를 회복해가고 있었다. 그러나 2020년 6월에 중국의 최고 입법기관에서 홍콩 국가보안법을 통과시켜 홍콩에 대한 정치적 통제를 강화하게 됨으로써 홍콩 주민의 강한 반발과 함께 국제적인 인권 문제가 제기되었다.

2020년 통계에 따르면 홍콩 인구는 약 750만 명에 이른다고 한다. 홍콩 인구 중 가장 많은 수를 차지하는 인구는 한족으로, 약 93.6%를 차지한다. 그 외에 필리핀인, 영국인 등이 주로 거주하고 있다. 홍콩 법률에 따르면 공식 상용어는 영어와 중국어이다. 그러나 중국어는 푸퉁화(普通话)에 한정하지 않는다. 실제 홍콩 주민의 90% 정도가 푸퉁화가 아니라 광둥화를 생활 언어로 사용하고 있다. 만일 홍콩에 여행을 가서 푸퉁화를 할 줄 아는 사람을 찾으려면, "Can you speak Chinese?"가 아니라 "Can you speak Mandarin?"이라고 물어야 함을 잊지 말자!

홍콩이 아시아 경제의 요지임을 확인할 수 있는 불야성의 마천루

14

복습 Ⅱ

🎧 14-01

1 음식 주문

1 今天你想吃什么，咱们就吃什么。
Jīntiān nǐ xiǎng chī shénme, zánmen jiù chī shénme.

2 我看，您不如点套餐，这样更便宜。
Wǒ kàn, nín bùrú diǎn tàocān, zhèyàng gèng piányi.

3 您在这儿用餐，还是带走？
Nín zài zhèr yòng cān, háishi dàizǒu?

4 请问，您要茶还是果汁？
Qǐngwèn, nín yào chá háishi guǒzhī?

2 병원

1 可谁知不但没好，病情反而更加严重了。
Kě shéi zhī búdàn méi hǎo, bìngqíng fǎn'ér gèngjiā yánzhòng le.

2 请把外套解开，我给你检查一下。
Qǐng bǎ wàitào jiěkāi, wǒ gěi nǐ jiǎnchá yíxià.

3 高烧不退，腹泻不止，恐怕是最近流行的肠炎。
Gāoshāo bú tuì, fùxiè bù zhǐ, kǒngpà shì zuìjìn liúxíng de chángyán.

4 最好住院，不然病情很有可能恶化。
Zuìhǎo zhùyuàn, bùrán bìngqíng hěn yǒu kěnéng èhuà.

3 전화

1 真是太巧了，我正要给你打电话呢。
Zhēnshi tài qiǎo le, wǒ zhèng yào gěi nǐ dǎ diànhuà ne.

2 万一他关机，我跟他联系不上，可怎么办？
Wànyī tā guānjī, wǒ gēn tā liánxì bu shàng, kě zěnme bàn?

3 大卫宿舍的总机号是22035678，总机接通后拨分机号码225。
Dàwèi sùshè de zǒngjī hào shì èr èr líng sān wǔ liù qī bā, zǒngjī jiētōng hòu bō fēnjī hàomǎ èr èr wǔ.

4 他现在不在，您一会儿再来电话吧。
Tā xiànzài bú zài, nín yíhuìr zài lái diànhuà ba.

④ 교통수단

1 上车不找钱，一定要提前准备好零钱。
Shàng chē bù zhǎo qián, yídìng yào tíqián zhǔnbèi hǎo língqián.

2 你为什么从来不坐地铁，偏偏要坐公交车呢？
Nǐ wèishénme cónglái bú zuò dìtiě, piānpiān yào zuò gōngjiāochē ne?

3 坐公交车不但能熟悉路线，而且能欣赏沿途的风景，多好啊！
Zuò gōngjiāochē búdàn néng shúxī lùxiàn, érqiě néng xīnshǎng yántú de fēngjǐng, duō hǎo a!

4 由于车堵得很厉害，所以他们不得不走回去。
Yóuyú chē dǔ de hěn lìhai, suǒyǐ tāmen bùdébù zǒu huíqu.

⑤ 우체국

1 我想把这个包裹寄往韩国。
Wǒ xiǎng bǎ zhè ge bāoguǒ jì wǎng Hánguó.

2 在表上既要填写地址，也要写明物品的名称。
Zài biǎo shang jì yào tiánxiě dìzhǐ, yě yào xiěmíng wùpǐn de míngchēng.

3 如果您寄挂号包裹的话，绝对不会丢失。
Rúguǒ nín jì guàhào bāoguǒ dehuà, juéduì bú huì diūshī.

4 空运虽然比海运贵，但能节省不少时间。
Kōngyùn suīrán bǐ hǎiyùn guì, dàn néng jiéshěng bù shǎo shíjiān.

⑥ 여행

1 我来中国一年多了，可是没去过什么地方。
Wǒ lái Zhōngguó yì nián duō le, kěshì méi qù guo shénme dìfang.

2 那我们一块儿商量商量，你说去哪儿好呢？
Nà wǒmen yíkuàir shāngliang shāngliang, nǐ shuō qù nǎr hǎo ne?

3 与其以后花钱再去上海，不如这次顺路去上海转转。
Yǔqí yǐhòu huāqián zài qù Shànghǎi, bùrú zhè cì shùnlù qù Shànghǎi zhuànzhuan.

4 开往上海的火车在几号站台上车？
Kāiwǎng Shànghǎi de huǒchē zài jǐ hào zhàntái shàng chē?

회화 문제로 다지기

그림 속 등장인물들의 행동 및 대화를 보고 다음 문제를 풀어 보세요.

1 말풍선 속 등장인물들의 대화를 중국어로 바꾸어 쓰고 말해 보세요.

A (   )

B (   )

C (   )

D (   )

E (   )

F (   )

G (   )

2 다음 문장이 그림과 일치하는지 O, X로 표시해 보세요.

① A 和 B 还没吃午餐。(   )

② D 是骑车来的。(   )

③ D 迟到了。(   )

④ E 要去邮局。(   )

⑤ B 不想吃汉堡。(   )

⑥ G 正在打电话。(   )

1 밑줄에 들어갈 알맞은 표현을 찾아 보세요.

❶ 现在是午餐时间，人开始多_____了。

    ⓐ 起来   ⓑ 下来   ⓒ 上去   ⓓ 上来

❷ 他_____中国文化进行了十年的研究。

    ⓐ 在   ⓑ 向   ⓒ 给   ⓓ 对

❸ 今天天气真好，公园里的人_____多了。

    ⓐ 真   ⓑ 可   ⓒ 很   ⓓ 挺

❹ 天气_____冷，他也用冷水洗脸。

    ⓐ 还   ⓑ 又   ⓒ 再   ⓓ 都

❺ _____在这儿等，_____去找他。

    ⓐ 因为，所以   ⓑ 就是，也

    ⓒ 虽然，但是   ⓓ 与其，不如

핵심 정리

① 起来 [동사 뒤에 쓰여, 새로운 상태나 동작이 시작됨을 나타냄]

下来 [동사 뒤에 쓰여, 동작이 과거에서 현재로 지속되어 오는 것을 나타냄]

② 向 ~으로, ~에게, ~을 향하여

对 ~에 대해서

⑤ 虽然……, 但是……
비록 ~이나, ~이다

与其……, 不如……
~하는 것이 ~하는 것만 못하다

2 괄호 안의 단어가 들어갈 알맞은 위치를 찾아 보세요.

❶ 这个箱子 ⓐ 太重了，ⓑ 怎么 ⓒ 搬 ⓓ 不动。（也）

❷ 这个时间 ⓐ 车 ⓑ 堵得很厉害，可 ⓒ 他 ⓓ 开车去。

                                       （偏偏）

❸ 我 ⓐ 连菜谱 ⓑ 能 ⓒ 背 ⓓ 下来了。（都）

❹ ⓐ 你 ⓑ 去图书馆的时候，ⓒ 帮我 ⓓ 借一本书。（顺便）

❺ ⓐ大家 ⓑ 都反对，他也 ⓒ 要 ⓓ 这么做。（就是）

핵심 정리

② 偏偏 굳이, 한사코 [부사로 동사 앞에 쓰임]

④ 顺便 ~하는 김에, 겸사겸사

⑤ 就是 설사 ~하더라도 [가정 겸 양보를 나타내며 뒤 절의 '也'와 호응함]

3 밑줄 친 부분과 같은 의미의 단어를 찾아 보세요.

핵심 정리
① 眼看 곧, 즉각, 바로, 즉시
② 只好 어쩔 수 없이
④ 看 ~라고 보다, ~라고 판단하다,
　　~라고 생각하다

❶ 眼看就要下雨了。

　　ⓐ 马上　　ⓑ 前面　　ⓒ 明天　　ⓓ 看来

❷ 外边正在下雨，我们只好待在家里。

　　ⓐ 不能　　ⓑ 不得不　ⓒ 可能　　ⓓ 不应该

❸ 天阴了，快要下雨了。

　　ⓐ 都　　　ⓑ 就　　　ⓒ 也　　　ⓓ 刚

❹ 我看，你最好住院，不然病情很有可能恶化。

　　ⓐ 见　　　ⓑ 想　　　ⓒ 检查　　ⓓ 打算

❺ 可谁知不但没好，病情反而更加严重了。

　　ⓐ 谁都知道　　　　　ⓑ 你知道

　　ⓒ 没想到　　　　　　ⓓ 他们都不知道

4 다음 글에는 틀린 곳이 세 군데 있습니다. 찾아서 바르게 고쳐 보세요.

小庆有事想找大明，可不找到大明的电话号码，所以她向赵亮打电话，问大明的手机号。正巧赵亮也正要跟小庆联系，想问她到哪儿去买运动鞋好。赵亮给小庆告诉了大明的电话号码，小庆答应赵亮周六陪他去逛街。

핵심 정리
'告诉'는 뒤에 간접목적어와 직접목적어를 필요로 하는 동사이다.

중국인이 목숨처럼 귀하게 여기는 미엔즈

중국인들은 '미엔즈(面子)' 즉, '체면'을 목숨만큼 중시한다고 해도 과언이 아니다. 자신의 체면을 중시한다는 것은 남의 체면도 세워 줄 줄 안다는 것이기도 하다.

중국인과의 대화에서 가장 조심해야 할 것은 절대 중국인의 자존심을 상하게 하지 말아야 한다는 것이다. 회사 내에서 부하직원을 책망할 경우에도 개인적으로 불러서 나무라야지, 여러 사람 앞에서 모욕감을 주는 것은 좋지 않다. 반대로 중국인의 협조가 필요할 경우, 상대방의 체면을 세워 주면 어려운 문제를 쉽게 해결할 수도 있다.

체면을 중시하는 것을 '爱面子'라고 한다. 일상생활뿐만 아니라 비즈니스 협상 중에서도 "내 체면 좀 세워 달라"는 말이 자주 등장한다. 누구를 찾아가서 일을 부탁할 때 어떤 사람의 소개로 왔다고 하면 일이 더 쉽게 해결되고는 하는데, 이는 소개해 준 사람의 체면을 상하지 않도록 애쓰는 중국인의 성향을 보여 주는 단면이다. 중국인이 인간관계를 중시한다는 '꽌시(关系) 문화'의 개념도 이 체면을 중시하는 문화가 그 바탕이라 할 수 있다.

중국의 어느 서점에서도 어렵지 않게
접할 수 있는 미엔즈 관련 도서

중국인은 식사 대접을 할 때 식탁이 넘쳐나도록 음식을 차린다. 이 역시 체면과 관계된다. 주인은 만찬을 차리고도 차린 것이 별로 없다며 겸손하게 표현하고, 손님은 배불리 먹었음을 보여주기 위해 약간의 음식을 남긴다. 이 모두가 서로의 체면을 살려 주기 위함이다.

우리가 중국인에게 인사하거나 대화를 하면, 중국어를 정말 잘한다는 칭찬을 자주 듣게 된다. 하지만 실력이 정말 뛰어나다기 보다는 칭찬하여 체면을 높여 주려는 의도일 수도 있음을 명심하자.

부록

◆ 본문 해석
◆ 모범 답안 및 녹음 대본
◆ 단어 색인

본문 해석

01 실례합니다만, 성함이 어떻게 되시나요?

회화 내 입에서 춤추다

1

이정민 실례합니다만, 김민호의 방입니까?

데이빗 막 외출했는데, 잠시 후에 곧 돌아올 거예요. 저는 그의 룸메이트예요. 들어와서 기다리세요.

이정민 실례합니다만, 성함이 어떻게 되시나요?

데이빗 데이빗이라고 합니다. 저는 미국인입니다.

이정민 저는 한국인이고 이정민이라고 합니다. '木'와 '子'를 합친 '李', '正确'라고 할 때의 '正', '人民'이라고 할 때의 '民'을 씁니다.

데이빗 민호와는 언제 알게 되었나요?

이정민 우리는 고등학교 친구예요. 고등학교를 졸업한 후에 베이징에 공부하러 왔고, 지금은 베이징 대학교 중문과 4학년 학생입니다.

데이빗 어쩐지 중국어를 그렇게 잘하더라니. 알고보니 당신은 한국인이었군요. 저는 당신이 중국인인 줄 알았어요.

이정민 과찬의 말씀입니다. 당신은 왜 중국에 공부하러 왔어요?

데이빗 저는 원래 은행에서 근무했어요. 적지 않게 벌었지만, 자기 개발을 위해서 사직을 하고 중국에 왔어요.

2

김민호와 이정민은 한국인이고, 그들은 고등학교 동창이다. 정민이는 현재 베이징 대학교에서 공부하고 있다. 민호는 올해 2월에 중국어 연수를 하러 중국에 왔다. 데이빗은 민호의 룸메이트이다. 그는 중국의 경제에 관심이 많아 시장 경제를 공부하러 베이징에 왔다. 오늘 정민이는 민호를 만나러 그의 기숙사에 왔으나, 그가 없었다. 그래서 정민이는 민호를 기다리면서 데이빗과 함께 이야기를 나누었다.

표현 날개를 달다

• 一会儿
그렇게 조급해 하지 마. 지하철은 잠시 후에 도착할 거야.

그는 매우 빨리 달려서 금방 우리를 따라잡았다.
앉아서 잠시 쉬어라!
샤오왕이 떠난 지 얼마 되지 않아, 샤오리가 왔다.

• 以为……
알고보니 그는 상하이에서 왔구나. 나는 그가 베이징에서 온 줄 알았어.
사람들은 이전에는 지구가 우주의 중심이라고 여겼다.
우리는 모두 그가 대표를 맡기에 비교적 적합하다고 생각한다.

• 虽然……, 但是……
비록 내 방은 크진 않지만, 깨끗하고 정리가 잘 되어 있다.
비록 아무도 그에게 말하지 않았지만 그는 이미 그것이 어떻게 된 일인지 알고 있었다.

• 为了……
기차를 탈 수 있기 위해 그는 아침 일찍 집을 나섰다.
내가 중국에 온 목적은 중국어를 배우고 중국 문화를 이해하기 위해서이다.

• 因为……, 所以……
오늘 날씨가 매우 추워서 옷을 많이 입었어요.
그는 우리의 친구이기 때문에 우리는 그를 도와야 한다.

• 一边……, 一边……
우리는 한편으로 일하면서, 다른 한편으로는 공부를 한다.
그는 악수를 나누며 "수고했습니다!"라고 친절하게 말했다.

회화 가지를 치다

1 A 안녕하세요! 저는 용다은행의 직원 리우위린입니다.
　　B 만나서 반갑습니다.

2 A 몇 년도 출생이십니까?
　　B 2003년생이며, 양띠입니다.

3 A 어디 출신이십니까?
　　B 저는 베이징 사람입니다.

4 A 이 분은 누구세요? 저에게 소개해 주세요.
　　B 그는 저와 가장 친한 동료인 자오량입니다.

02 아침에는 편의점에서 아르바이트를 해.

회화 내 입에서 춤추다

1

자오량 너 중국에 온 지 5개월 됐는데, 이미 중국 생활에 적응했지?

김민호 생활은 이미 적응이 됐지만, 학업 스트레스가 너무 커. 매일 8시간 수업이 있어서 너무 고된 거 있지!

자오량 나는 너보다 훨씬 피곤해. 아침에는 편의점에서 아르바이트를 하고 퇴근하면 바로 수업 들으러 가. 저녁에는 컴퓨터 배우러 학원에도 가야 해.

김민호 너 그렇게 영어를 잘하는데 내가 너라면 학생에게 과외 수업을 하겠다. 그렇게 하는 게 더 낫지 않아?

자오량 네 제안 괜찮네. 나는 어째서 생각을 못했을까.

김민호 너 주말에 뭐 해? 주말에도 편의점에서 아르바이트를 하니?

자오량 주말에는 일 안 하고 집에서 TV를 보든가 나가서 친구들과 놀아. 너는?

김민호 나는 집에서 빨래하고 청소할 때도 있고 시내를 돌아다닐 때도 있어.

자오량 그러면 이번 주말에 내가 너 이허위엔에 데려갈까?

김민호 좋지! 진즉부터 이허위엔에 가고 싶었는데 줄곧 기회가 없었어.

2

김민호는 중국에 온 지 5개월이 되어서 중국 생활은 이미 꽤 적응이 되었지만, 늘 공부하기가 너무 바쁘고 매일 8시간의 수업을 들어야 한다. 오직 주말에만 그는 자기가 하고 싶은 일을 할 수 있다. 자오량은 매일 수업을 듣는 것 외에 편의점에서 아르바이트도 해야 하고 저녁에는 컴퓨터를 배우러 학원도 가야 한다. 그러나 주말에는 아르바이트하러 갈 필요가 없다. 그들은 이번 주말에 함께 이허위엔에 가서 돌아다니기로 결정했다.

표현 날개를 달다

• 已经……了
너는 중국에 온 지 5개월 됐는데, 이미 중국 생활에 적응했지?
너무 걱정하지 마세요. 아이는 벌써 컸어요.
그는 이미 중국에 갔다.
그는 일찍이 중국에 가 본 적 있다.

• 比……多了
나는 너보다 훨씬 피곤해.
그는 중국어를 나보다 훨씬 잘해.

• ……了……就
퇴근하면 바로 수업을 들으러 간다.
학교가 파하면 빨리 집으로 가거라.

• 不是……吗?
학생들에게 과외 수업을 하는 게 더 낫지 않아?
너 곧 귀국할 거 아니야?

• 或者……, 或者……
집에서 텔레비전을 보든가 나가서 친구들과 함께 놀아.
내 생각에 너는 그에게 전화를 하든가 그를 찾으러 가는 게 나을 것 같다.
커피를 마실래요 아니면 차를 마실래요?

• 有时……, 有时……
나는 집에서 빨래하고 청소할 때도 있고 시내를 돌아다닐 때도 있어.
여기 날씨는 정말 이상해. 때로는 춥고 때로는 더워.

회화 가지를 치다

1 A 너 안색이 안 좋아 보이는데, 무슨 일이야?
B 매일 아침에 편의점에서 아르바이트를 하느라 너무 피곤해.

2 A 이번 금요일 저녁에 우리 같이 영화 보러 가는 거 어때?
B 금요일은 안 돼. 나는 매주 월요일, 수요일, 금요일에는 요가를 하러 가야 해.

3 A 너는 점심 휴식 시간에 무엇을 하니?
B 점심을 먹고 나서 낮잠을 자.

④ A 너는 하루 중에 언제가 가장 행복하니?
　 B 저녁을 먹고 나서 음악을 들으며 소설을 보는 때가 가장 행복해.

03 이번 학기에 우리 열심히 공부하자!

회화 내 입에서 춤추다

①
리우샤오칭　이번 학기에 너 장학금 받았다며. 축하해!
자오량　너 지난 학기 성적도 좋지?
리우샤오칭　좋긴 뭐가 좋아! 지난 학기에 시험을 망쳐서 평균이 80점밖에 안 돼.
자오량　성적으로 말하자면 너는 우리 반에서 1, 2등을 다투잖아!
리우샤오칭　지난 학기에 동아리 활동만 하느라 시험 때가 다 되어서야 며칠 밤을 샜거든.
자오량　무슨 동아리를 했는데?
리우샤오칭　다도동아리, 기타동아리, 그리고 라틴댄스동아리야. 그렇지만 이번 학기에는 기타동아리 활동만 할 예정이야.
자오량　이번 학기에 몇 과목 신청했어?
리우샤오칭　전공필수 네 과목하고 전공선택 세 과목, 합해서 일곱 과목이야.
자오량　보아하니 너 이번 학기도 결코 만만치 않겠다. 어쨌든 이번 학기에 우리 열심히 공부하자!

②
리우샤오칭은 반에서 학습 성적이 줄곧 1, 2등을 다툰다. 그러나 지난 학기에는 동아리 활동을 너무 많이 한 탓에 학업에 영향을 주어 장학금을 받지 못했다. 그래서 이번 학기에 그녀는 기타동아리 활동만 할 예정이다. 이번 학기에 리우샤오칭은 전공필수 네 과목과 전공선택 세 과목을 택했다. 그녀는 이번 학기에 열심히 공부해서 장학금을 받으려고 한다.

표현 날개를 달다

• ……什么!
이 문장이 뭐가 어려워! 하나도 어렵지 않아.
A 너 지난 학기 성적도 좋지?

B 좋긴 뭐가 좋아!
영화보면서 뭘 울어!
방금 다 먹었는데, 또 뭘 먹어!

• 可
성적으로 말하자면 너는 우리 반에서 1, 2등을 다투잖아!
나는 결코 너를 좋아한다고 말한 적 없어!

• 光
지난 학기에 동아리 활동만 하느라 시험 때가 다 되어서야 며칠 밤을 샜어.
우리는 학교생활 이야기만 했지 다른 얘기는 하지 않았다.

• ……起来
보아하니 너 이번 학기도 만만치 않겠다.
헤아려 보니 내가 중국어를 공부한 지 벌써 5년이 되었다.

• 不管……
어쨌든 이번 학기에 우리 열심히 공부하자!
그가 오든 안 오든 우리는 오후 1시에 출발한다.
바람이 부나 비가 오나 우리는 가야 한다.

회화 가지를 치다

① A 나 어제 병이 나서 수업에 못 왔어. 어제 뭐 강의했어?
　 B 어제 '문화대혁명'에 대한 내용을 배웠어.

② A 내일 나는 중국 영화에 관한 리포트를 발표해야 해. 너 나를 좀 도와줄 수 있어?
　 B 그래. 네가 다 쓴 후에 내가 고치는 걸 도와줄게.

③ A 이번 학기 시험에서 누가 1등이지?
　 B 리우샤오칭이야. 그녀가 늘 우리 반 1등이잖아.

④ A 중국 방언에 관한 리포트는 언제 제출이니?
　 B 다음 주 금요일이 마감이야.

04 나는 농구광이야.

회화 내 입에서 춤추다

①
자오량　너 농구 정말 잘한다. 연속해서 이렇게 많은 골을 넣다니!

왕따밍	나는 농구광이야. 왜, 너도 농구 좋아해?
자오량	나도 좋아해. 하지만 나는 너만큼 그렇게 잘하지는 못해.
왕따밍	시험 끝나고 우리 한 게임 하는 거 어때?
자오량	좋지! 맞다, 오늘 우리와 일본의 농구 경기 있는데, 너 들었지?
왕따밍	말할 나위가 있나. 정말 안타깝게도 지난번에 야오샤오밍이 부상을 당해서 경기에 참가하지 못해 우리가 졌잖아.
자오량	누가 아니래. 69대 71로 2점 차이밖에 나지 않았지. 오늘은 우리가 반드시 이길 거야.
왕따밍	그럼 너 내 기숙사에 와서 같이 경기 보면서 중국팀을 응원하는 거 어때?
자오량	좋아. 하지만 김민호와 같이 경기를 보기로 얘기를 해 놨어. 이러는 게 낫겠다. 네가 내 기숙사에 오는 게 어때?
왕따밍	알았어! 사람이 많을수록 힘도 커지잖아!

② ··

자오량과 왕따밍은 모두 농구광이다. 그래서 그들은 시험이 끝나면 같이 농구를 한 게임 하기로 약속했다. 오늘 저녁에 중국팀과 일본팀의 농구 경기가 있다. 지난번에 야오샤오밍이 부상으로 경기에 참가하지 못해서 중국팀이 졌다. 오늘 저녁에 김민호와 왕따밍은 자오량의 기숙사에 가서 함께 중국팀을 응원하기로 했다. 그들은 오늘 저녁 경기는 중국팀이 반드시 이길 거라고 믿는다.

표현 날개를 달다

• 没有……那么/这么……
나는 너만큼 그렇게 (농구를) 잘하지 못해.
나의 중국어는 너만큼 유창하지 못하다.

• 等……
시험 끝나고 우리 한 게임 하는 거 어때?
그가 오면 다시 얘기하자.

• 咱们
우리 한 게임 하는 거 어때?
너는 여기 남아서 샤오장을 기다려. 우리는 먼저 갈게.

• A不如B
이러는 게 낫겠다. 네가 내 기숙사에 오는 거 어때?

나의 중국어는 그보다 못하다.

• 因此
자오량과 왕따밍은 모두 농구광이다. 그래서 그들은 시험이 끝나면 같이 농구를 한 게임 하기로 약속했다.
나는 그와 10년을 함께 했다. 그래서 그의 성격을 매우 잘 안다.

회화 가지를 치다

① A 이번 여름방학에 우리 같이 수영 배우는 거 어때?
　 B 나는 수영에는 별 흥미가 없는데.

② A 너 바둑 둘 줄 아니? 우리 한 판 둘래?
　 B 좋아. 요즘 통 바둑을 둘 기회가 없었는데, 오늘 제대로 한번 겨뤄 봐야겠는 걸.

③ A 이번 일요일에 등산 갈 건데 너 나랑 같이 가지 않을래?
　 B 물론 좋지. 나도 계속 등산 가고 싶었어.

④ A 이거 베토벤의 교향곡이지?
　 B 그래. 나는 그의 교향곡을 좋아해.

05 우리 형은 쌍꺼풀에 콧날이 오똑해.

회화 내 입에서 춤추다

① ··

이정민	이게 우리 가족사진이야.
김민호	아저씨, 아주머니가 자상해 보이신다.
이정민	맞아. 우리 부모님은 모두 선량하셔. 좋은 분들이지.
김민호	한눈에 알아보겠다. 이 사람이 바로 네 여동생이지? 너랑 완전히 똑같이 생겼어.
이정민	우리는 외모가 닮긴 닮았지만 성격은 완전히 달라. 나는 성격이 외향적이지만 여동생은 비교적 내성적이야.
김민호	분위기 있게 생긴 이 사람은 누구니?
이정민	우리 언니야. 우리 언니는 멋쟁이야.
김민호	너희 언니 남자친구 있니? 만일 없으면 우리 형한테 소개 좀 해 줄 수 있니?

이정민	너를 보면 네 형도 분명히 잘생겼다는 걸 알 수 있잖아?

김민호　우리 형은 쌍꺼풀에 콧날이 오똑해. 그는 쾌활한데다가 매우 진솔한 사람이야.

이정민　보아하니 네 형은 바로 우리 언니 이상형이네.

② ....

이정민은 김민호에게 가족사진을 보여주었다. 정민이의 부모님은 자상하시다. 정민이의 여동생은 정민이와 똑같이 생겼지만 성격은 완전히 다르다. 정민이는 언니도 한 명 있는데 분위기 있게 생겼다. 언니는 바른 성격의 남자를 좋아한다. 민호는 형이 한 명 있는데 매우 잘생겼지만, 아직 여자친구가 없다. 그래서 민호는 정민이의 언니에게 자기 형을 소개시켜 주고 싶어한다.

표현 **날개를 달다**

- 看上去

  아저씨와 아주머니는 자상해 보이신다.
  오늘 날씨가 좋아보여요.

- ……出来

  한눈에 알아보겠다. 이 사람이 바로 네 여동생이지?
  나는 그가 둥베이 사람인 것을 듣고 알았다.

- ……是……, 不过……

  우리는 외모가 닮긴 닮았지만 성격은 완전히 달라.
  이 옷은 예쁘기는 한데, 너무 비싸요.

- 却

  나는 성격이 외향적이지만 여동생은 비교적 내성적이야.
  나는 3년 동안 중국어를 배웠지만, 수준은 높지 않다.

- 一……, 就……

  너를 보면 네 형도 분명히 잘생겼다는 걸 알 수 있잖아?
  날씨가 추워지면 나는 나가고 싶지 않다.

회화 **가지를 치다**

① A 이 남학생 정말 잘생겼지?

　　B 내 생각에는 별로야. 나는 좀 통통한 남자가 좋더라.

② A 모자 쓴 이 친구는 누구니? 나는 어째서 본 적이 없지?

　　B 그는 우리 반에 새로 온 친구야.

③ A 너 여동생이 있는데 너랑 똑같이 생겼다며?

　　B 우리는 전혀 똑같이 생기지 않았어. 여동생 눈이 나보다 커.

④ A 경찰 아저씨, 방금 제 지갑을 도둑 맞았어요.

　　B 도둑이 어떻게 생겼어요?

　　A 30세 가량의 남자로, 검은색 티셔츠에 청바지를 입고 있었어요. 키는 저랑 비슷해요.

06 **어떤 신발을 사려고 하십니까?**

회화 **내 입에서 춤추다**

① ....

판매원　어떤 신발을 사려고 하십니까? 구두인가요, 운동화인가요?

김민호　운동화를 사려고요. 이 신발 괜찮네요. 한번 신어 보게 42호 가져다 주세요.

판매원　안타깝게도 42호는 모두 팔렸어요. 이 스타일은 어떤가요?

김민호　이런 스타일은 그다지 좋아하지 않아요. 아, 저 운동화가 참 예쁘네요. 저한테 맞는 사이즈가 있나요?

판매원　있어요. 잠시만 기다리세요. 한번 신어보세요. 크기가 맞나요?

김민호　사이즈도 잘 맞고, 스타일도 좋아요. 얼마인가요?

판매원　원래 가격이 400위안인데, 20% 세일해서 현재 가격이 320위안입니다.

김민호　가격이 좀 비싼데, 더 싸게 해 줄 수 없나요?

판매원　이것은 올해 신상품이라서 더 깎아 드릴 수 없습니다.

김민호　알겠습니다. 모바일 결제를 사용할게요.

판매원　네. 여기 QR코드를 스캔하세요.

② ....

민호는 운동화를 사러 갔는데, 쇼핑센터가 그랜드 세일을 하는 중이었다. 그는 운동화 한 켤레가 마음에 들었으나, 안타깝게도 그에게 맞는 사이즈가 없었다.

판매원은 그에게 다른 상품을 추천했으나, 그는 모두 마음에 들지 않았다. 결국 그는 운동화 한 켤레를 골랐다. 이 운동화는 400위안인데 신상품이라 20%만 할인한다. 비록 민호는 약간 비싸다고 생각했지만 사이즈도 잘 맞고 스타일도 예뻐서 320위안을 내고 이 운동화를 샀다.

표현 날개를 달다

• 双

한번 신어 보게 42호 가져다 주세요.
그는 작은 두 손을 내밀어 나의 손을 꽉 잡았다.
그 부부는 우리 집 근처에 산다.

• 不怎么

이런 스타일은 그다지 좋아하지 않아요.
최근 몇 년 동안 겨울은 그다지 춥지 않다.

• 打……折

원래 가격이 400위안인데, 20% 세일해서 현재 가격이 320위안입니다.
이 옷은 70% 할인하네. 정말 싸다!

• 稍微

가격이 조금 비싼데, 더 싸게 해 줄 수 없나요?
이 책상은 저 책상보다 약간 크다.

• ……上

그는 운동화 한 켤레가 마음에 들었으나, 그에게 맞는 사이즈가 없었다.
왜 이렇게 많은 사람들이 그를 좋아하게 되는 걸까?

회화 가지를 치다

1. A 디자인이 괜찮은데, 다른 색깔은 없어요?
   B 빨간색과 파란색도 있습니다.

2. A 이 상품은 몇 % 할인하나요?
   B 이 상품은 30% 할인합니다.

3. A 신용 카드로 결제할 수 있나요?
   B 카드로 결제할 수 있습니다.

4. A 만약 마음에 들지 않으면 환불할 수 있나요?
   B 일주일 내에는 환불됩니다.

07 복습 I

회화 핵심 체크

1 소개

1 저는 이정민이라고 합니다. '木'와 '子'를 합친 '李', '正确'라고 할 때의 '正', '人民'이라고 할 때의 '民'을 씁니다.

2 안녕하세요! 저는 용다은행의 직원 리우위린입니다.

3 저는 2003년생이며, 양띠입니다.

4 저는 서울 사람입니다.

2 일과

1 나는 아침에는 편의점에서 아르바이트를 하고 퇴근하면 바로 수업 들으러 가. 저녁에는 컴퓨터 배우러 학원에도 가야 해.

2 나는 주말에는 일을 안 해. 집에서 TV를 보든가 나가서 친구들과 놀아.

3 나는 매주 월요일, 수요일, 금요일에는 요가를 하러 가야 해.

4 나는 저녁을 먹고 나서 음악을 들으면서 소설을 볼 때가 가장 행복해.

3 학교생활

1 나는 지난 학기에 시험을 망쳐서 평균이 80점밖에 안 돼.

2 나는 이번 학기에는 기타동아리 활동만 할 예정이야.

3 이번 학기에 나는 전공필수 네 과목하고 전공선택 세 과목을 택했어.

4 내일 나는 중국 영화에 관한 리포트를 발표해야 해.

4 취미

1 나는 농구광이야.

2 나는 수영에 별 흥미가 없어.

3 요즘 통 바둑을 둘 기회가 없었는데, 오늘 제대로 한번 겨뤄 봐야겠는 걸.

4 나는 베토벤의 교향악을 좋아해.

5 외모

1 나는 성격이 외향적이지만 여동생은 비교적 내성적이야.

2 우리 형은 쌍꺼풀에 콧날이 오뚝해. 그는 쾌활한 데다가 매우 진솔한 사람이야.

3 나는 좀 통통한 남자가 좋더라.

4 30세 가량의 남자로, 검은색 티셔츠에 청바지를 입고 있었어요.

⑥ **쇼핑**

1 원래 가격이 400위안인데, 20% 세일해서 현재 가격이 320위안입니다.

2 모바일 결제를 사용할게요.

3 이 신발 괜찮네요. 한번 신어 보게 42호 가져다 주세요.

4 만약 마음에 들지 않으면 환불할 수 있나요?

---

08 **우리 맥도날드 가서 점심 먹는 것 어때?**

회화 내 입에서 춤추다

①

데이빗　너 햄버거 먹는 거 좋아하니? 오늘 우리 맥도날드에 가서 점심 먹는 것 어때?

왕따밍　햄버거를 좋아하기는 하지만, 이게 정크 푸드인 것은 누구나 다 알잖아.

데이빗　그런데 하루 세 끼를 모두 식당에서 중국 음식만 먹다보니, 메뉴도 다 외웠어. 정말 질리도록 먹었으니 입맛을 좀 바꿔보고 싶어.

왕따밍　기왕 네가 오늘 중국 음식을 먹고 싶지 않다면 우리 햄버거 먹으러 가자!

• • • • • • • • • • •

데이빗　따밍, 어떤 햄버거 먹을래?

왕따밍　네가 주문해! 네가 먹는 것으로 나도 먹을게.

데이빗　좋아. 내가 주문할게. 지금 점심시간이라 사람이 많아지기 시작했어. 빨리 가서 자리를 찾아 봐.

점원　어서 오세요. 주문 하세요.

데이빗　닭다리버거 두 개, 콜라 두 잔, 프렌치프라이 두 개 주세요.

점원　제가 보기에는 세트 메뉴를 시키는 것이 나을 것 같아요. 이렇게 하면 더 싸요.

데이빗　그럼 그렇게 하죠. 음료수 리필이 되나요?

점원　죄송하지만 차나 커피만 가능합니다. 여기서 드시나요, 아니면 포장인가요?

데이빗　여기에서 먹습니다.

②

데이빗은 중국에 온 지 2개월이 되었는데, 하루 세 끼 모두 중국 음식만 먹었다. 오늘 그는 입맛을 좀 바꿔보고 싶어서 따밍에게 함께 맥도날드에 햄버거를 먹으러 가자고 했다. 비록 따밍은 햄버거를 많이 먹는 것이 몸에 좋지 않다는 것을 알지만, 데이빗을 위해서 그들은 함께 맥도날드에 갔다. 점심시간이라 사람이 많아서 따밍은 자리를 찾으러 가고, 데이빗은 음식을 주문했다. 데이빗은 닭다리버거 세트 두 개를 주문했다.

표현 날개를 달다

• 谁都⋯⋯

이것이 정크푸드인 것은 누구나 다 안다.
나는 어떤 햄버거도 모두 좋아하지 않는다.

• 连⋯⋯都⋯⋯

나는 메뉴판조차도 모두 외웠어.
이 글자는 어린아이도 안다.

• 既然⋯⋯

기왕 네가 오늘 중국 음식을 먹고 싶지 않다면 우리 햄버거 먹으러 가자!
기왕 네가 병이 났으니, 집에서 쉬거라.

• ⋯⋯什么，⋯⋯什么

네가 먹는 것으로 나도 먹을게.
중국어를 할 수 있는 사람이라면 중국에 갈 수 있다.

• ⋯⋯起来

지금 점심시간이라 사람이 많아지기 시작했어.
엄마가 보이지 않자, 그 아이는 곧 울기 시작했다.

회화 가지를 치다

① A 차로 하시겠습니까, 과일주스로 하시겠습니까?
　 B 홍차 한 잔 주세요.

② A 테이블을 예약하려는데, 오늘 저녁 가능한가요?
　 B 실례지만, 모두 몇 분이신가요?

③ A 무엇을 더 주문하시겠어요?
  B 쏸라탕 한 그릇이요.

④ A 이 가지들은 어떻게 요리하는 것이 좋나요?
  B 제가 보기에는 볶아서 먹는 것이 가장 좋겠어요.

09 입원해서 좀 살펴보는 게 가장 좋겠어요.

회화 내 입에서 춤추다

①
의사 어디가 불편하신가요?
리우샤오칭 계속 설사를 하고 열이 나요.
의사 증상이 얼마나 지속되었나요?
리우샤오칭 3일 전부터 몸이 아파서 감기약을 좀 먹었어요. 그런데 나아지기는커녕 병세가 오히려 더 심해질 줄 누가 알았겠어요?
의사 외투를 벗어 보세요. 진찰을 좀 해 보겠습니다.

⋯⋯⋯⋯⋯⋯⋯⋯⋯⋯⋯⋯⋯⋯⋯⋯⋯⋯

의사 고열이 계속되고 설사가 그치지 않으니, 아마도 요즘 유행하는 장염인 것 같습니다. 입원해서 좀 살펴보는 게 가장 좋겠어요.
리우샤오칭 반드시 입원해서 살펴봐야 하나요? 요즘 제가 공부할 것이 많은데, 집에서 약을 먹으며 치료하면 안 되나요?
의사 아무리 바빠도 몸을 돌보지 않을 수 없죠! 제가 보기에는 입원하는 것이 가장 좋겠어요. 그렇지 않으면 병세가 악화될 수 있어요.
리우샤오칭 언제 퇴원할 수 있죠?
의사 최소 1주일입니다. 이렇게 해야만 우리가 증상에 대해서 자세히 살필 수가 있어요.
리우샤오칭 어디에서 입원 수속을 하나요?
의사 1층 서쪽의 입원접수처에서 수속을 하세요.

②
샤오칭은 3일 전부터 설사를 하고 열이 났다. 감기약을 좀 먹었으나, 나아지기는커녕 오히려 병세가 악화되어서, 그녀는 오늘 병원에 진찰을 받으러 왔다. 의사 선생님은 그녀를 진찰한 후 장염이라고 말하며, 그녀에게 바로 입원해서 살펴보자고 했다. 샤오칭은 요즘 바빠서 집에서 치료하기를 원했다. 그러나 의사 선생님이 그녀의 병세가 악화될 것을 걱정했기 때문에, 다른 방도 없이 샤오칭은 입원해서 치료를 받을 수밖에 없었다.

표현 날개를 달다

• 不但不/没……反而……
나아지기는커녕 병세가 오히려 더 심해졌다.
미국에 있는 1년여 동안 그는 영어를 배우기는커녕 오히려 중국어도 잊어버렸다.

• 再……也……
아무리 바빠도 몸을 돌보지 않을 수 없죠!
날씨가 아무리 추워도 그는 찬물로 세수한다.

• 不然……
입원하는 것이 가장 좋겠어요. 그렇지 않으면 병세가 악화될 수 있어요.
너희 차를 가지고 가거라. 그렇지 않으면 분명히 늦을 거야.

• 对……进行……
이렇게 해야 우리가 증상에 대해서 자세히 살필 수가 있어요.
그는 중국 문화에 대해 10년 동안 연구를 진행했다.

• 只好
의사 선생님이 그녀의 병세가 악화될 것을 걱정했기 때문에 샤오칭은 입원해서 치료를 받을 수밖에 없었다.
밖에는 비가 내리고 있어서, 우리는 집에 머물 수밖에 없다.

회화 가지를 치다

① A 지금 주사를 놓아도 되겠어요?
  B 좀 아프지 않게 해 주세요.

② A 빨리 회복되시길 바랍니다.
  B 병문안 와 주셔서 고맙습니다.

③ A 아침부터 계속 이가 아파요.
  B 빨리 치과에 가 봐요.

④ A 조심하지 않고 넘어져서 발을 삐었어요.
  B 이건 파스인데 한번 사용해 보세요.

10 내가 막 네게 전화하려던 참이었어.

회화 **내 입에서 춤추다**

1

리우샤오칭 여보세요. 정민이니? 나 샤오칭이야.

이정민 샤오칭이구나. 정말 공교롭다. 너한테 막 전화하려던 참이었어. 무슨 일로 나를 찾은 거야?

리우샤오칭 내가 일이 있어서 데이빗을 찾으려는데, 도대체 그의 명함을 찾을 수가 없네. 데이빗 전화번호 갖고 있니?

이정민 있어. 잘 들어. 그의 휴대전화 번호는 133 96708987이야.

리우샤오칭 만일 그가 휴대전화를 꺼 두어서 내가 데이빗과 연락이 안 되면 어쩌지? 데이빗 기숙사 전화번호 갖고 있니?

이정민 데이빗의 기숙사 대표전화 번호는 2203 5678이야. 대표전화가 연결되면 내선 번호 225를 눌러 봐.

리우샤오칭 고마워. 맞다! 너는 무슨 일로 나를 찾았어?

이정민 아, 다음 달에 우리 유학생들이 네이멍구로 여행을 가는데, 네가 잘 알고 있는 여행사가 있는지 좀 물어보려고 했어.

리우샤오칭 미래여행사의 서비스의 질과 수준이 괜찮아. 내 친구들이 국내외 여행을 갈 때, 줄곧 미래여행사를 통해서 했거든.

이정민 그 여행사 전화번호 갖고 있니?

리우샤오칭 지금 없지만 내가 114에 전화해서 알아볼 수 있어. 네가 시간이 있으면 토요일 오후에 내가 너를 데리고 거기 가서 상담을 해 볼 수 있어.

이정민 좋아. 그러면 토요일 오후 3시에 학교 입구에서 만나자. 그때 꼭 만나.

2

샤오칭은 데이빗을 만날 일이 있는데, 데이빗의 전화번호를 찾을 수가 없었다. 그래서 그녀는 정민이에게 전화를 걸어서 데이빗의 연락처를 물었다. 공교롭게도 정민이도 샤오칭에게 전화를 해서 그녀가 잘 알고 있는 여행사를 소개받고 싶어 하던 참이었다. 정민이는 샤오칭에게 데이빗의 전화번호를 알려 주었고, 샤오칭은 정민이를 위해 여행사와 연락하고 토요일에는 직접 그녀를 데리고 여행사에 상담을 받으러 가기로

했다.

표현 **날개를 달다**

• 正要
정말 공교롭다. 너한테 막 전화를 하려던 참이었어.
우리가 집에 돌아왔을 때 그들은 막 떠나려는 참이었다.

• 怎么也……
내가 일이 있어서 데이빗을 찾으려는데, 도대체 그의 명함을 찾을 수가 없네.
이 상자는 너무 무거워서 아무리 해도 옮길 수가 없다.

• 万一 / 如果
만일 그가 휴대전화를 꺼 두어서 내가 그와 연락이 안 되면 어쩌지?
만일 네가 내일 올 수 없다면 나에게 전화 좀 해 줄 수 있니?

• ……来着
내 친구들이 국내외 여행을 갈 때, 줄곧 미래여행사를 통해서 했어.
우리가 어제 만났던 그 중국인의 이름이 뭐였더라?

• 到时候
그때 꼭 만나자.
걱정하지 마세요. 그때 제가 연락드리겠습니다.

회화 **가지를 치다**

1 A 제가 어떻게 연락을 드릴까요?
B 제 휴대전화로 전화 주세요.

2 A 데이빗과 통화가 되었나요?
B 아니요. 그가 전화를 받지 않네요.

3 A 방금 저에게 온 전화 없었나요?
B 없었어요.

4 A 실례합니다. 리우 과장님 계신가요?
B 죄송하지만, 잘못 거셨네요.

11 당신들은 정류장을 지나쳤습니다.

회화 내 입에서 춤추다

1

이정민　버스를 탈 때 현금을 내니, 아니면 카드로 결제하니?

자오량　보통은 교통카드를 사용하는데 현금도 가능해. 현금을 사용하려면 차에 탔을 때 돈을 거슬러 주지 않으니 반드시 미리 잔돈을 준비해야 해.

이정민　이 차는 넓고 깨끗한데다 에어컨도 있고 너무 편하다. 우리 지하철로 갈아타야 하니?

자오량　갈아탈 필요 없어. 이 버스가 곧장 시딴으로 가.

이정민　너는 왜 여태껏 지하철은 타지 않고 굳이 버스만 타려고 해?

자오량　버스를 타면 길을 잘 익힐 수 있을 뿐만 아니라, 길가의 풍경도 감상할 수 있잖아. 그래서 차가 막히더라도 나는 버스를 타.

이정민　아 참, 우리 어디서 내리지?

자오량　(기사에게) 기사님, 시딴이 몇 정거장 남았나요?

기사　정류장을 지나쳤네요.

자오량　아이쿠, 큰일났네. …… 기사님, 여기에서 좀 세워 주실 수 있나요?

기사　안 됩니다! 다음 역에서 내리세요!

이정민　이제 우리 어떻게 해야 하지? 다시 차를 타고 돌아갈까?

자오량　차가 많이 막히니, 걸어서 되돌아가는 것이 좋겠어.

2

자오량과 정민이는 함께 시딴에 가기로 약속했다. 자오량이 지하철을 타는 것을 좋아하지 않아서 그들은 함께 버스를 탔다. 그들이 탄 버스는 깨끗하고 널찍했다. 게다가 에어컨이 있어서 매우 쾌적했다. 버스 안에서 그들은 이야기를 나누며 길가의 풍경을 감상하다가 정류장을 지나쳤다. 차가 너무 많이 막혀서 그들은 걸어서 되돌아갈 수밖에 없었다.

표현 날개를 달다

- 偏偏

  너는 왜 여태껏 지하철은 타지 않고 굳이 버스만 타려고 해?

  이 시간에 차가 심하게 막히는데 그는 굳이 차를 가지고 가려고 한다.

- 不但……, 而且……

  길을 잘 익힐 수 있을 뿐만 아니라, 길가의 풍경도 감상할 수 있잖아.

  그녀는 예쁘게 생겼을 뿐만 아니라, 똑똑하기도 하다.

- 可……了

  아이쿠, 큰일났네. 정류장을 지나쳤어.

  오늘은 날씨가 좋아서 공원에 사람이 많다.

- 该

  이제 우리 어떻게 해야 하지?

  벌써 9시야. 우리는 가야 해.

- 就是……, 也……

  차가 막힐지라도 나는 버스를 타.

  설사 모두가 반대한다고 해도 그는 이렇게 할 것이다.

회화 가지를 치다

1　A 창안제에 가려면 몇 번 버스를 타야 하나요?

　　B 먼저 12번을 타고 시딴에서 8번으로 갈아타세요.

2　A 다음 차는 몇 시에 도착하나요?

　　B 10분 더 기다려야 합니다.

3　A 어디에 세워 드릴까요?

　　B 앞쪽 길가에 세워 주세요.

4　A 당신 왜 늦었어요?

　　B 길에 차가 너무 많이 막혔어요.

12 이 소포를 한국으로 부치려고 합니다.

회화 내 입에서 춤추다

1

김민호 이 소포를 한국으로 부치려고 합니다.

우체국 직원 이건 우편 전용 상자가 아니니까 상자를 구매한 후에 다시 포장해 주세요.

김민호 한국에 도착하기까지 대략 얼마나 걸릴 까요?

우체국 직원 항공편이에요, 아니면 배편이에요?

김민호 항공편이면 얼마나 걸려요?

우체국 직원 규정대로라면 일주일이면 도착하지만, 지 금은 춘제 운송 기간이라서 2~3일 더 늦 을지도 모르겠어요.

김민호 이건 뭐예요? 소포 상자에 이미 주소를 썼는데 이 용지에도 써야 하나요?

우체국 직원 네. 용지에 주소도 기입해야 하고, 물품의 명칭, 수량, 단가, 총액도 써야 합니다.

김민호 우편 요금은 얼마예요?

우체국 직원 달아 봐야 알 수 있어요. …… 딱 10kg이 고, 1320위안이네요.

김민호 소포는 분실되지 않겠죠?

우체국 직원 등기 소포로 부치면 절대로 분실되지 않 아요.

2

민호는 국제 소포를 부치려고 우체국에 갔다. 직원은 그에게 반드시 우편 전용 상자를 구매해야 한다고 말 했다. 우편을 보내는 방식은 항공편과 배편으로 나뉘 는데, 항공편이 배편보다 비싸지만 시간을 많이 절약 할 수 있어서, 민호는 항공편을 택했다. 우편 요금은 우편물의 가격과 무게에 따라 계산되는데, 총 1320위 안이 나왔다. 끝으로 소포가 분실되지 않게 직원은 민 호에게 등기 우편으로 부치라고 했다.

표현 날개를 달다

• ……往
이 소포를 한국으로 부치려고 한다.
이 기차는 베이징으로 간다.

• 按照……
규정대로라면 일주일이면 도착해요.
우리는 연령에 따라 반을 나눈다.

• 说不定
그러나 지금은 춘제 운송기간이라서 2~3일 더 늦을지 도 모르겠어요.
그는 열이 나서 내일 수업에 올 수 없을지도 몰라요.

• 既……, 也……
용지에 주소도 기입해야 하고, 물품의 명칭, 수량, 단가, 총액도 써야 합니다.
이 옷은 예쁘기도 하고 싸기도 하다.

• 正好
달아 봐야 알 수 있어요. 딱 10kg이고, 1320위안이네요.
너 마침 잘 왔다.

회화 가지를 치다

1 A 나는 상하이에 있는 샤오장에게 생일 선물을 하나 보내려고 해. 어떻게 보내는 게 좋을까?
B 우체국에 가서 부쳐.

2 A 실례지만, 어떤 우편으로 부치실 건가요?
B 등기 우편으로 부치겠습니다.

3 A 저, 편지를 부치려고 합니다.
B 죄송합니다만, 우표를 안 붙이셨네요.

4 A 문서를 팩스로 저에게 보내 주실 수 있으신가요?
B 알겠습니다. 곧 보내겠습니다.

13 이번 방학에 나는 여행을 가려고 해.

회화 내 입에서 춤추다

1

데이빗 곧 방학이네. 방학에 무슨 특별한 계획 있니?

김민호 나는 중국에 온 지 1년이 넘었지만, 매일 학교 아니면 기숙사이고 별로 가 본 데가 없어서, 이번 방학에는 여행을 가려고 해.

데이빗 마침 나도 여행을 가려고 했어. 우리 같이

214

가는 거 어때?

김민호   물론 좋지. 그러면 우리 같이 상의 좀 해 보자. 어디 가는 게 좋겠어?

데이빗   나는 남쪽을 가 보기는 했지만 쑤저우, 항저우는 아직 못 가 봤어. 우리 거기 가 보는 거 어떨까?

김민호   좋지. 옛말에 '하늘에는 천당이 있고, 땅에는 쑤저우, 항저우가 있다'고 하잖아. 나도 거기를 가 보려고 생각 중이었어.

데이빗   쑤저우, 항저우를 보는 데 5~6일이면 충분해. 만약 그 김에 상하이를 간다면 아마 8~9일은 걸릴 거야.

김민호   다음에 돈 들여서 다시 상하이에 가느니 이번에 가는 길에 상하이를 들러 보는 게 낫겠다.

데이빗   그럼 그렇게 결정하자.

김민호   좋아. 우리 얼른 기차표와 호텔을 예약하자.

데이빗   그래. 지금 바로 인터넷으로 찾아보자.

② ....

민호는 중국에 온 지 1년이 넘었지만 별로 가 본 곳이 없다. 그래서 방학을 이용해 중국에서 여행을 할 예정이다. 데이빗도 방학 때 중국을 돌아다니려고 한다. 옛말에 '하늘에는 천당이 있고, 땅에는 쑤저우, 항저우가 있다'라는 말이 있어서 그들은 쑤저우, 항저우의 아름다운 풍경을 감상하러 가기로 결정했다. 상하이가 쑤저우, 항저우에서 가까워서 그들은 가는 길에 상하이도 돌아보기로 결정했다. 지금 그들은 컴퓨터 앞에 앉아서 기차표와 호텔을 검색하고 있다.

표현 날개를 달다

• ……多

그는 이미 30세가 넘었어.
나는 중국에 온 지 1년이 넘었다.

• 不是……, 就是……

나는 매일 학교 아니면 기숙사이고 별로 가 본 데가 없어.
그는 매번 수업에 오지 않을 때마다 병이 난 것이 아니면 집에 일이 있다고 한다.

• 没……什么……

나는 중국에 온 지 1년이 넘었지만 별로 가 본 곳이 없다.
오늘 나는 구경하러 나갔는데 아무것도 사지 않았다.

• 顺便

만약 그 김에 상하이를 간다면 아마 8~9일은 걸릴 거야.
내가 퇴근하고 집에 가는 김에 너를 보러 가도 돼.

• 与其……, 不如……

다음에 돈 들여서 다시 상하이에 가느니 이번에 가는 길에 상하이를 둘러보는 게 낫겠다.
여기에서 기다리느니 차라리 그를 찾으러 가겠다.

회화 가지를 치다

① A 6월 3일에 상하이 가는 비행기표를 예약하려고 해요.
   B 성함과 전화번호를 알려 주세요.

② A 베이징행 장거리 버스는 몇 번 게이트에서 타나요?
   B 5번 게이트입니다.

③ A 상하이에서 얼마나 머물 예정인가요?
   B 사흘 머물 겁니다.

④ A 외국 학생도 학생표를 살 수 있나요?
   B 죄송합니다만, 외국 학생은 안 됩니다.

14 복습 Ⅱ

회화 핵심 체크

① 음식 주문

   1 오늘 네가 먹고 싶은 것으로 우리도 먹을게.
   2 제가 보기에는 세트 메뉴를 시키는 것이 나을 것 같아요. 이렇게 하면 더 싸요.
   3 여기에서 드시나요, 아니면 포장인가요?
   4 차로 하시겠습니까, 과일주스로 하시겠습니까?

② 병원

   1 나아지기는커녕 병세가 오히려 더 심해질 줄 누가 알았겠어요?
   2 외투를 벗어 보세요. 진찰을 좀 해 보겠습니다.
   3 고열이 계속되고 설사가 그치지 않으니, 아마도 요즘 유행하는 장염인 것 같습니다.
   4 입원하는 것이 가장 좋겠어요. 그렇지 않으면 병세가 악화될 수 있어요.

3 전화

1 정말 공교롭다. 너한테 막 전화를 하려던 참이었어.

2 그가 휴대전화를 꺼 두어서 그와 연락이 안 되면 어쩌지?

3 데이빗의 기숙사 대표전화 번호는 220356780이야. 대표전화가 연결되면 내선 번호 225를 눌러 봐.

4 그는 지금 안 계세요. 잠시 후에 다시 전화 걸어 주세요.

4 교통수단

1 탑승할 때 잔돈을 거슬러 주지 않으니 반드시 미리 잔돈을 준비해야 해.

2 너는 왜 여태껏 지하철은 타지 않고 굳이 버스만 타려고 해?

3 버스를 타면 길을 잘 익힐 수 있을 뿐만 아니라, 길가의 풍경도 감상할 수 있으니 얼마나 좋아!

4 차가 너무 많이 막혀서 그들은 걸어서 되돌아 갈 수밖에 없었다.

5 우체국

1 이 소포를 한국으로 부치려고 합니다.

2 용지에 주소도 기입해야 하고, 물품의 명칭도 써야 합니다.

3 등기 소포로 부치면 절대로 분실되지 않아요.

4 항공편이 배편보다 비싸지만 시간을 많이 절약할 수 있다.

6 여행

1 중국에 온 지 1년이 넘었지만 별로 가 본 데가 없어.

2 그러면 우리 같이 상의 좀 해 보자. 어디 가는 게 좋겠어?

3 다음에 돈 들여서 다시 상하이에 가느니 이번에 가는 길에 상하이를 들러 보는 게 낫겠다.

4 상하이행 기차는 몇 번 플랫폼에서 타나요?

모범 답안 및 녹음 대본

01 请问，您怎么称呼?

표현 날개를 달다

- 一会儿
  ① ⓐ　　　② ⓒ　　　③ ⓑ

- 以为……
  ① 以为　　② 以为　　③ 认为　　④ 认为

- 虽然……，但是……
  ① 汉语说得很好
  ② 虽然已经十二点了 / 但是
  ③ 虽然努力学习 / 但是

- 为了……
  ① 为了去中国旅行
  ② 为了找到好工作
  ③ 为了买一本英语词典

- 因为……，所以……
  ① 外边下雨
  ② 身体不舒服
  ③ 天气很热

- 一边……，一边……
  ① 一边吃饭，一边看电视
  ② 一边听音乐，一边看书
  ③ 一边喝茶，一边和朋友聊天

연습 실력이 늘다

◆ 听和说

1　①

녹음 대본

A　请问，敏浩在吗?
B　他出去了。一会儿就回来。你进来坐。
A　你是敏浩的同屋吗?
B　是的。我叫大卫，是美国人。我在北大学习市场经济。
A　我叫李正民，我是韩国人。我也在北大念书。

2　①　✕　　　②　〇　　　③　✕　　　④　〇

◆ 写和说

1　① 一会儿就来
　　② 以为他是中国人呢
　　③ 为了去中国旅行
　　④ 因为他身体不舒服

◆ 读和说

1　① 他们是高中同学。
　　② 她在中国学习中国历史。
　　③ 他想学习汉语和中国的市场经济。

2　　　正民和敏浩是高中同学。高中毕业后正民来中国学习中国历史，敏浩在韩国学习企业管理。今年二月敏浩来中国进修汉语，他的同屋大卫在中国学习汉语和市场经济。

◆ 想和说

1　　　金敏浩2019年大学毕业，大学毕业以后他在大韩银行工作。2021年8月20号大韩银行派他到北京进修。现在他在北京大学学习企业管理。

02 早上在便利店打工。

표현 날개를 달다

- 已经……了
  ① 他已经是大学生了。
  ② 我已经开始学汉语了。
  ③ 票已经卖光了。
  ④ 他已经吃完饭了。

- 比……多了
  ① 比弟弟高多了
  ② 比小李忙多了
  ③ 比昨天暖和多了

- ……了……就
  ① 我吃了饭，就去打篮球。
  ② 我下了课，就去图书馆。
  ③ 他下了班，就回家。

④ 她到了家，就打开电视。

• 不是……吗?

① 他不是喜欢你吗?

② 你不是很想他吗?

③ 你不是来过这儿吗?

④ 这个不是很便宜吗?

• 或者……，或者……

① 或者问我，或者问他

② 或者你来找我，或者我去找你

③ 或者打乒乓球，或者去看电影

④ 或者我做，或者我爱人做

• 有时……，有时……

① 有时回国，有时留在中国

② 有时吃饭，有时不吃饭

③ 有时坐飞机，有时坐船

④ 有时去游泳，有时去练太极拳

연습 **실력이 늘다**

◆ 听和说

1 ① 2   ② 1   ③ 3

녹음 대본

A 正民，你脸色不好，怎么了?

B 我最近太累了，从三月开始每天早上六点去
   补习班学英语，晚上还要去打工。

A 早上在补习班学英语，到了学校还要学汉语，
   你为什么学这么多外语?

B 因为我对外语很感兴趣。以后有机会我还想
   学日语。

2 ① ✕   ② ○   ③ ○   ④ ✕

◆ 写和说

1 ① 火车已经开了

② 比昨天好多了

③ 或者去西安，或者去上海

④ 有时睡觉，有时去练太极拳

◆ 读和说

1 ① 因为我每周六玩儿电脑游戏，很晚才睡。

② 周日早上七点在公园见面一起锻炼。

③ 周六玩儿电脑游戏玩得不要太晚。

2   我每周六玩儿电脑游戏，很晚才睡，周日早
上起不来。上星期我和敏浩约好周日早上七点
在公园见面，一起锻炼。但是那天我还是没起
来。

◆ 想和说

1   他早上八点吃早饭，上午九点到十二点上
课，十二点吃午饭，下午一点到四点上课，四
点到六点锻炼身体，六点吃晚饭。晚上七点去
做家教，九点到家后看一个小时的电视，十点
到十二点写作业，十二点睡觉。

03 这个学期我们努力学习吧!

표현 **날개를 달다**

• ……什么!

① 怕什么

② 高兴什么

③ 买什么

• 可

① ⓐ   ② ⓐ   ③ ⓐ   ④ ⓐ

• 光

① ⓑ   ② ⓐ   ③ ⓑ

• ……起来

① 听起来 ② 吃起来 ③ 说起来 / 做起来

• 不管……

① 你去哪儿

② 天气好不好

③ 你说什么 / 妈妈同意不同意

연습 실력이 늘다

◆ 听和说

1 ③

녹음 대본

A 关于中国电影的报告，你写好了没有？
B 已经写好了。报告明天就要交了，你还没写完吗？
A 写中文报告真不容易。
B 你先写，写好后，我帮你改。
A 真的吗？太好了。

2 ① ○　　② ×　　③ ○　　④ ×

◆ 写和说

1 ① 不光有韩国人
② 吃起来不太辣
③ 不管你什么时候来
④ 好看什么

◆ 读和说

1 ① 因为他常常练吉他练到很晚。
② 因为练吉他，他没有时间认真写报告。
③ 班里倒数第一。

2 　小庆本来学习成绩不错，但因为她参加的吉他社活动太多，她没有时间学习，所以上个学期考了班里倒数第一。

◆ 想和说

1 　因为周二有汉语考试，正民熬了一个晚上。所以考完试，她生病了，周三没能去上课。周四正民交了一篇历史报告，周五晚上参加了吉他社的活动。

---

04 我是篮球迷。

표현 날개를 달다

• 没有……那么/这么……
① 没有你那么
② 没有这件(衣服)这么
③ 没有你们学校那么
④ 没有你们班(的学生)那么

• 等……
① 等考完试　　　② 等到了教室
③ 等有了钱　　　④ 等吃了饭

• 咱们
① ×　　② ○　　③ ○　　④ ×

• A不如B
① 你一个人去不如我们一起去。
② 骑车不如坐车。
③ 看电影不如看书。
④ 我的成绩不如他。

• 因此
① 拿到了奖学金
② 他被选为班长
③ 不能跑步
④ 现在有一间空房子

연습 실력이 늘다

◆ 听和说

1 ①

녹음 대본

A 今晚你打算做什么？
B 我要去黄浦江拍照。
A 你也喜欢拍照吗？
B 是的。我想去那儿照几张相，留个纪念。
A 我也很喜欢拍照。黄浦江的夜景那么美，我也早就想去那儿照几张啦，我们一起去，怎么样？
B 那太好了！

2 ① × ② ○ ③ ○ ④ ×

◆ 写和说

1 ① 我唱得没有敏浩那么好

② 等他来了就出发

③ 咱们一起去打篮球

④ 我的成绩不如正民(好)

◆ 读和说

1 ① 他们喜欢看足球，也喜欢踢足球。

② 中文系的一名主力队员负伤，没能参加比赛。

③ 英文系和中文系的足球队有比赛。

2 大明和赵亮都是足球迷。大明是英文系足球队的队员，赵亮是中文系足球队的队员。上次比赛，中文系输给了英文系。今天两个系又有比赛。

◆ 想和说

1 大明喜欢打篮球，他篮球打得很不错。今天他们系和中文系有篮球比赛，他投了很多球，他们队75比73，赢了中文系。

---

05 我哥是双眼皮，高鼻梁。

표현 **날개를 달다**

• 看上去

① 不到十岁 ② 非常累

③ 不太高兴 ④ 并不难

• ……出来

① 听 ② 看 ③ 闻

• ……是……，不过……

① 便宜是便宜，不过太小了

② 去是去，不过今天不去

③ 有是有，不过没看过

④ 旧是旧，不过速度很快

• 却

① 却一滴也没喝

② 却不太好

③ 却不让我出去

• 一……，就……

① 我一毕业，就去中国留学。

② 他一下班，就回家。

③ 我一紧张，就头疼。

④ 我一听，就听出来是他的声音。

연습 **실력이 늘다**

◆ 听和说

1 ②

녹음 대본

A 正民，下课以后，你做什么？

B 我要去见我的男朋友。

A 是啊，听说你最近有了男朋友。他怎么样？

B 我男朋友大眼睛、高鼻梁，个子不太高。他非常善良。

A 什么时候也让我认识认识。

B 你看，他来了。我给你们介绍介绍。

2 ① ○ ② × ③ × ④ ○

◆ 写和说

1 ① 看上去很高兴

② 听出来你是谁

③ 一看到女孩子，脸就红

④ 瘦是瘦，不过很健康

◆ 读和说

1 ① 因为她工作太忙，没有时间交男朋友。

② 她喜欢善良、正直的男人。

③ 他的哥哥。

2 赵亮想给正民介绍一个男朋友。正民喜欢善良、正直的男人，赵亮觉得自己的哥哥就是正民的理想型。

◆ 想和说

1 我的父母都很慈祥。我的哥哥性格外向，他特别开朗。我性格有点儿内向，但我非常正直。

06 请问，您想买什么鞋?

표현 날개를 달다

• 双
- ① 一对花瓶
- ② 一双筷子
- ③ 两双鞋

• 不怎么
- ① 学汉语不怎么难。
- ② 他们都不怎么会唱歌。
- ③ 他对中国文化不怎么感兴趣。

• 打……折
- ① 30　　② 五　　③ 120

• 稍微
- ① 我比他稍微高一点儿。
- ② 天气稍微暖和了一些。
- ③ 我的成绩比他稍微好一点儿。

• ……上
- ① 看上　② 爱上　③ 迷上

연습 실력이 늘다

◆ 听和说

1　②

녹음 대본

A　这双运动鞋款式不错。打几折?
B　这是今年的新款，不打折。
A　噢，给我拿一双42号的。
B　您用信用卡还是手机支付?
A　我用手机支付。

2　① ○　　② ×　　③ ×　　④ ×

◆ 写和说

1　① 两双运动鞋　　② 打八折
　　③ 稍微高一点儿　　④ 爱上他了

◆ 读和说

1　① 下星期三是他女朋友的生日，他的女朋友对中国文化很感兴趣。
　　② 百货商场正在大减价。
　　③ 大卫买了一件款式很新，但价格稍贵的旗袍。

2　　下星期三是大卫女朋友的生日。他的女朋友对中国文化很感兴趣，百货商场又在大减价，所以大卫给她买了一件新款旗袍。

◆ 想和说

1　　百货商场正在大减价。正民看上了一件红色的大衣，可是因为这是新款，所以只打九折。但旁边那件黄色的大衣打七折，所以正民买了黄色的大衣。她是用信用卡结的账。

07 복습 Ⅰ

회화 문제로 다지기

1　A　你篮球打得真不错。
　　B　我打得没有你那么好。
　　C　那个孩子大眼睛、双眼皮，长得真可爱。
　　D　你这次考试的成绩怎么样?
　　E　考砸了!
　　F　周末你做什么?
　　G　每周末我都去打工。

2　① ×　　② ○　　③ ○　　④ ×
　　⑤ ×

어법 문제로 다지기

1　❶ ⓓ　　❷ ⓑ　　❸ ⓐ　　❹ ⓑ　　❺ ⓒ

2　❶ ⓓ　　❷ ⓓ　　❸ ⓓ　　❹ ⓒ　　❺ ⓒ

3　❶ ⓒ　　❷ ⓑ　　❸ ⓐ　　❹ ⓐ　　❺ ⓑ

4　첫 번째 줄의 约了考完试 → 约好考完试
　　두 번째 줄의 打篮球一场 → 打一场篮球
　　네 번째 줄의 对中国队加油 → 为中国队加油

08 我们去麦当劳吃午饭怎么样?

표현 날개를 달다

• 谁都……
①ⓐ　　②ⓒ　　③ⓒ

• 连……都……
① 我连他的生日都忘了。
② 他连这本书都看过。
③ 这个电影连老师都没看过。

• 既然……
① 既然你感冒了，(你)就好好儿休息吧。
② 既然我们来到了中国，(我们)就应该去长城看看。
③ 既然这本小说这么贵，我们就别买了。

• ……什么，……什么
① 什么时候
② 什么
③ 怎么

• ……起来
① 热起来
② 笑起来
③ 哭起来

연습 실력이 늘다

◆ 听和说

1　③

녹음 대본

A　欢迎光临，请点餐。
B　一个鸡腿汉堡，一杯可乐。
A　您最好点套餐，这样更便宜。
B　对不起，我不吃薯条。
A　您要在这儿用餐，还是带走?
B　在这儿吃。

2　①×　　②×　　③×　　④×

◆ 写和说

1　① 什么都不想吃　　② 连这个字都不认识
　　③ 想去哪儿　　④ 暖和起来了

◆ 读和说

1　① 因为他常常吃汉堡包、喝可乐。
　　② 烤牛肉。
　　③ 北京烤鸭。

2　　　大卫以前常吃汉堡包、喝可乐，所以身体不太好。来中国以后，他只吃中国菜，身体好了很多。今天敏浩请他吃韩国菜，大卫很喜欢。下次大卫要请敏浩吃烤鸭。

◆ 想和说

1　　　大卫和中国朋友一起去吃四川菜。服务员给他菜谱，可是他看不懂，所以大卫让他的朋友点菜。他的朋友点了宫保鸡丁、糖醋牛肉和酸辣汤。

09 最好住院观察一下。

표현 날개를 달다

• 不但不/没……反而……
① 敏浩上次考得很好。不过他不但没有灰心，反而更加努力了。
② 雨停了，天气不但没有凉下来，反而更热了。
③ 十年没见，她不但一点儿也没变，反而比以前更年轻了。

• 再……也……
① 你再忙也不能不去看病。
② 天气再热，你也不要开空调。
③ 价格再便宜，我也不想买。

• 不然……
① 他会迟到的
② 他找不到你
③ 大家都听不清楚

• 对……进行……
  ① 中国历史 / 研究
  ② 这个地方 / 调查
  ③ 这个问题 / 讨论

• 只好
  ① 打公用电话
  ② 坐出租车
  ③ 走着去

연습 **실력이 늘다**

◆ 听和说

1　①

녹음 대본

A　听说你病了。怎么样？现在好点儿了吗？
B　好点儿了，不过头还有点疼。
A　那你应该在家休息，不该出来。
B　医生让我今天再到医院检查一下。
A　原来是这样。祝你早日康复。

2　①〇　　　②✕　　　③✕　　　④〇

◆ 写和说

1　① 不但没好　　　② 不然赶不上火车
　　③ 再热　　　　　④ 只好坐公交车

◆ 读和说

1　① 肠炎。
　　② 每天吃药、打针、输液。
　　③ 这周末。

2　　　周末小庆肚子不舒服，吃了点儿药。可是
　　不但没好，肚子反而更疼了。周一她去医院，
　　医生让她马上住院。在医院治疗后，肠炎好了
　　不少。小庆这周末就可以出院了。

◆ 想和说

1　　　今天小庆没来上课。她得了肠炎，住院
　　了。她的朋友们去医院看她，祝她早日康复。

10　我正要给你打电话呢。

표현　**날개를 달다**

• 正要
  ① 真是太巧了，我也正要去找你呢。
  ② 他来我家的时候，我正要出去参加会议。
  ③ 他来电话的时候，我正要洗衣服。

• 怎么也……
  ① 怎么也不同意我的意见
  ② 怎么也找不到你的书
  ③ 怎么也看不懂他写的字

• 万一 / 如果
  ① 不喜欢喝白酒 / 就喝啤酒
  ② 飞机票太贵 / 就坐火车
  ③ 找不到北京大学 / 就给敏浩打电话

• ……来着
  ① 他刚才问你什么来着？
  ② 你几点给我打电话来着？
  ③ 我忘了，他多大来着。

• 到时候
  ① ⓐ　　　② ⓐ　　　③ ⓐ

연습 **실력이 늘다**

◆ 听和说

1　①

녹음 대본

A　今天有没有人来找过我？
B　有一位张先生来找过您。他说他是大韩公司
　　的科长。
A　他留电话号码了没有？
B　这是他们公司的电话号码。
A　谢谢！我马上给他打电话。

2　①✕　　②〇　　③✕　　④〇

◆ 写和说

1　① 我正要给你打电话呢

　　② 怎么也找不到

　　③ 万一下雨

　　④ 多大来着

◆ 读和说

1　① 因为赵亮在网上看到很便宜的机票，可是没有几个座位了。他想跟小庆商量一下，马上预订机票。

　　② 因为小庆的手机关机了，办公室的电话也一直占线。

　　③ 因为小庆在开会。

2　　　赵亮和小庆打算"五·一"一起去旅行。为了预订机票，赵亮给小庆打电话，可是一直联系不到小庆。所以赵亮只好给小庆发短信，让她下班后给自己回电话。

◆ 想和说

1　　　小庆和赵亮约好6点在电影院门口见面。可是路上车堵得很厉害，赵亮6点到不了。赵亮给小庆家打电话，可是小庆已经出发了。赵亮打小庆的手机，让小庆在电影院门口等他一会儿。

11　你们坐过站了。

表现　날개를 달다

• 偏偏

　　① 偏偏喜欢喝白酒

　　② 偏偏喜欢吃

　　③ 偏偏看广告

• 不但……，而且……

　　① 不但很好吃，而且价格很便宜

　　② 不但会唱歌，而且会跳舞

　　③ 不但不难，而且越学越有意思

• 可……了

　　① 可贵了　② 可重了　③ 可高了

• 该

　　① ⓒ　　　② ⓒ　　　③ ⓒ

• 就是……，也……

　　① 生病　　② 生气　　③ 考得好

연습　실력이 늘다

◆ 听和说

1　①

녹음 대본

A　我们坐地铁还是坐公交车?

B　坐地铁要倒好几次车，还是坐公交车比较好。

A　可是这个时间车堵得很厉害呀。

B　没关系。我们还有一个小时的时间。

A　那好，我听你的。

2　① ×　　　② ○　　　③ ×　　　④ ○

◆ 写和说

1　① 可冷了　　　　② 而且价格很贵

　　③ 该回去了　　　④ 偏偏要开车去

◆ 读和说

1　① 因为在那儿可以一边玩儿一边看风景。

　　② 路有点儿远，而且正民骑车的技术也不太高。

　　③ 公交车既宽敞，又干净，还有空调，很舒适。

2　赵亮带正民去八角游乐园，他们觉得骑车、坐地铁和坐出租车去都不好，虽然坐公交车会堵车，但很舒适，所以他们决定坐公交车去。

◆ 想和说

1　　　正民和朋友们约好10点在王府井站见面。为了去王府井站，正民要先坐公交车到西直门站，然后在西直门站坐地铁2号线到复兴门站，最后在复兴门站换乘1号线。

12　我想把这个包裹寄往韩国。

표현　날개를 달다

- ……往
  ① 飞往　　② 开往　　③ 寄往　　④ 送往

- 按照……
  ① 按照你说的　　　② 按照现在的速度
  ③ 按照计划　　　　④ 按照学校规定

- 说不定
  ① 要下大雨了
  ② 生病了
  ③ 说不定今天会停课
  ④ 说不定能拿到奖学金

- 既……，也……
  ① 既不是你的，也不是我的
  ② 既要洗衣服，也要打扫房间
  ③ 既不认识他，也不认识他弟弟
  ④ 既是我的老师，也是我的好朋友

- 正好
  ① 正好十点　　　　② 正好在邮局对面
  ③ 她穿正好　　　　④ 正好一百块

연습　실력이 늘다

◆ 听和说

1　①

녹음 대본

A　你下个星期就要回国了吧？
B　对，我想把我的书先寄回去，怎么寄比较便宜？
A　去邮局寄海运最便宜。
B　大概要多长时间？
A　这个我也不太清楚，我帮你打个电话问一下。

2　① ✕　　　② ✕　　　③ 〇　　　④ 〇

◆ 写和说

1　① 是开往北京站的
　　② 说不定他没有手机
　　③ 既不是我的，也不是他的

◆ 读和说

1　① 他想给家人和朋友寄礼物。
　　② 给家人寄了一些北京的特产，给朋友寄了
　　　 北京古迹的画片。
　　③ 他买了两套纪念邮票。

2　　新年快要到了，敏浩到邮局给家人寄包裹、
　　给朋友寄画片、帮大卫寄信件。正巧邮局在卖
　　纪念邮票，很漂亮，敏浩买了两套。

◆ 想和说

1　　11月21号是娜贤的生日，11月17号我到
　　邮局给她寄礼物。我寄的礼物重5公斤，用空
　　运正好200块。娜贤收到我的礼物，很高兴。

13　这个假期我打算去旅行。

표현　날개를 달다

- ……多
  ① ⓑ　　　② ⓐ　　　③ ⓐ

- 不是……，就是……
  ① 不是韩国人，就是日本人
  ② 不是去游泳，就是去打篮球
  ③ 不是刮风，就是下雨
  ④ 不是去看电影，就是去公园玩儿

- 没……什么……
  ① ⓒ　　　② ⓒ　　　③ ⓒ

- 顺便
  ① 顺便帮我寄一封信
  ② 顺便接孩子
  ③ 顺便在路上买点菜

- 与其……，不如……
----
① 与其整天在家看电视，不如出去转转。
② 与其你一个人去，不如我们一起去。
③ 与其借书看，不如买书看。
④ 与其出去吃，不如在家吃。

연습 실력이 늘다

◆ 听和说

1　③

녹음 대본

A 你干什么呢?
B 我在网上查查机票。
A 你要去旅行吗?
B 对，我想这个假期去西安旅行。
A 我告诉你一个网站，在那里预订机票很便宜。
B 是吗? 那我比较一下。

2　① ○　　② ×　　③ ×　　④ ○

◆ 写和说

1　① 不是在图书馆，就是在教室
　　② 顺便把门关一下
　　③ 恐怕要下雨
　　④ 与其去看电影，不如去公园玩儿

◆ 读和说

1　① 香港。
　　② 游泳、买东西、见高中同学。
　　③ 他在香港中文大学教英文。

2　　快放假了，大卫打算回国时顺便去趟香港。在香港他要去游泳、给家人和女朋友买礼物，还要见高中同学。

◆ 想和说

1　　她们打算去西安旅行。她们坐8月2号的火车去西安。到了西安，她们要去看兵马俑，然后坐8月8号的火车回北京。

---

14 복습 Ⅱ

회화 문제로 다지기

1 A 现在是午餐时间，你想吃什么?
　　B 你想吃什么，我就吃什么。
　　C 为什么来晚了?
　　D 坐过站了。
　　E 我想把这个包裹寄往韩国。
　　F 您想用空运还是海运?
　　G 喂! 是正民吗? 我是小庆。
　　H 真是太巧了，我正要给你打电话呢。

2 ① ○　　　② ×　　　③ ○　　　④ ○
　　⑤ ×　　　⑥ ○

어법 문제로 다지기

1 ❶ ⓐ　❷ ⓓ　❸ ⓑ　❹ ⓒ　❺ ⓓ

2 ❶ ⓒ　❷ ⓓ　❸ ⓑ　❹ ⓒ　❺ ⓐ

3 ❶ ⓐ　❷ ⓑ　❸ ⓑ　❹ ⓑ　❺ ⓒ

4 첫 번째 줄의 不找到大明 → 找不到大明
　　두 번째 줄의 向赵亮打电话 → 给赵亮打电话
　　세 번째 줄의 给小庆告诉了 → 告诉了小庆

这样	zhèyàng	62(4과)
正	zhèng	76(5과)
正好	zhènghǎo	168(12과)
正巧	zhèngqiǎo	140(10과)
正确	zhèngquè	20(1과)
正直	zhèngzhí	76(5과)
症状	zhèngzhuàng	126(9과)
支付	zhīfù	90(6과)
直接	zhíjiē	154(11과)
止	zhǐ	126(9과)
只好	zhǐhǎo	126(9과)
纸箱	zhǐxiāng	168(12과)
至少	zhìshǎo	126(9과)
治疗	zhìliáo	126(9과)
质量	zhìliàng	140(10과)
中国菜	Zhōngguó cài	112(8과)
中文系	Zhōngwén xì	20(1과)
种	zhǒng	90(6과)
重量	zhòngliàng	168(12과)
祝贺	zhùhè	48(3과)
住院	zhùyuàn	126(9과)
住院部	zhùyuànbù	126(9과)
专业	zhuānyè	48(3과)

专用	zhuānyòng	168(12과)
转	zhuàn	34(2과)
咨询	zīxún	140(10과)
仔细	zǐxì	126(9과)
自己	zìjǐ	34(2과)
自我	zìwǒ	20(1과)
总	zǒng	34(2과)
总额	zǒng'é	168(12과)
总机	zǒngjī	140(10과)
最后	zuìhòu	90(6과)
座位	zuòwèi	112(8과)

고유명사

杭州	Hángzhōu	182(13과)
麦当劳	Màidāngláo	112(8과)
内蒙古	Nèiměnggǔ	140(10과)
苏州	Sūzhōu	182(13과)
西单	Xīdān	154(11과)
颐和园	Yíhéyuán	34(2과)

Shutterstock Photo Credits

redstrap(p.46) | artapartment(p.46) | ViewStock(p.60) | chinahbzyg(p.74) | Korrakit Pinsrisook(p.102) | Parichart Patricia Wong(p.102) | Mcimage(p.110) | cowardlion(p.110) | aphotostory(p.124) | PARINYA ART(p.138) | ABCDstock(p.166) | Robert Rozbora(p.166) | Geermy(p.180) | Duc Huy Nguyen(p.194)

최신
개정

다락원
중국어
마스터

박정구·백은희·마원나·샤오잉 공저

워크북

STEP

3

이름:

다락원

최신
개정

다락원
중국어
마스터

박정구 · 백은희 · 마원나 · 샤오잉 공저

워크북

STEP **3**

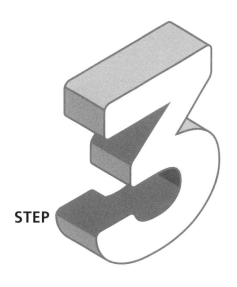

다락원

이 책의 구성과 활용법

예습하기

본문을 배우기 앞서 각 과에 나오는 단어를 써 보며 예습하는 코너입니다. 여러 번 쓰고 발음해 보는 연습 과정을 통해 단어를 암기해 보세요.

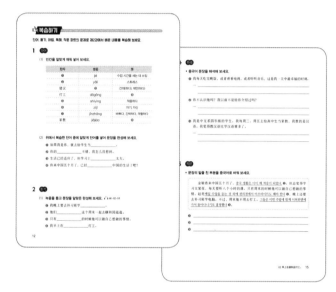

복습하기

본문의 단어·듣기·어법·독해·작문의 다섯 가지 영역별 문제풀이를 통해 각 과에서 배운 내용을 복습해 보세요.

플러스 단어

각 과의 주제와 연관된 단어를 배우며 어휘량을 늘리고 자유로운 회화 표현을 구사해 보세요.

* 워크북의 정답 및 녹음 대본은 다락원 홈페이지(www.darakwon.co.kr)의 '학습자료 ▶ 중국어'에서 다운로드 받으실 수 있습니다.

차례

4

请问，您怎么称呼?

실례합니다만, 성함이 어떻게 되시나요?

예습하기

다음은 제1과에 나오는 단어입니다. 각 단어를 여러 번 써 보며 한어병음과 의미를 익혀 보세요.

刚
gāng 막, 방금

本来
běnlái 본래, 원래

称呼
chēnghu ~라고 부르다

虽然
suīrán 비록 ~하지만, 설령 ~일지라도

正确
zhèngquè 정확하다, 틀림없다

为了
wèile ~하기 위하여

人民
rénmín 인민, 국민

自我
zìwǒ 자아, 자신

时候
shíhou 때, 시각, 무렵

开发
kāifā (인재나 기술 등을) 개발하다, (자연 자원을) 개발하다

高中
gāozhōng 고등학교 ＝ 高级中学 gāojí zhōngxué

辞职
cízhí 사직하다, 직장을 그만두다

毕业
bìyè 졸업, 졸업하다

读书
dúshū 공부하다, 학습하다

后
hòu 뒤, 후

进修
jìnxiū 연수하다

中文系
Zhōngwén xì 중문과

因为
yīnwèi 왜냐하면

年级
niánjí 학년

经济
jīngjì 경제

怪不得
guàibude 과연, 어쩐지

市场
shìchǎng 시장

过奖
guòjiǎng 과분한 칭찬입니다, 과찬이십니다

一边
yìbiān 한편으로 ~하면서 또 한편으로 ~하다

为什么
wèishénme 왜, 무엇 때문에, 어째서

尊敬
zūnjìng 존경하다

복습하기

단어. 듣기. 어법. 독해. 작문 파트의 문제로 제1과에서 배운 내용을 복습해 보세요.

1 단어

(1) 빈칸을 알맞게 채워 넣어 보세요.

한자	병음	뜻
❶	chēnghu	~라고 부르다
本来	běnlái	❷
怪不得	❸	과연, 어쩐지
辞职	cízhí	❹
❺	jìnxiū	연수하다
年级	niánjí	❻
❼	guòjiǎng	과찬이십니다
一边	❽	한편으로 ~하면서 또 한편으로 ~하다

(2) 위에서 복습한 단어 중에 알맞은 단어를 넣어 문장을 완성해 보세요.

❶ 请问，您怎么_____？

❷ 为了自我开发，我_____来到了中国。

❸ 敏浩今年二月来中国_____汉语。

❹ 他_____等她，_____和大卫一起聊天。

2 듣기

(1) 녹음을 듣고 문장을 알맞게 완성해 보세요. 🎧 W-01-01

❶ 他刚出去，_____就回来。

❷ 李正民一边等他，一边和大卫一起_____。

❸ _____你的汉语那么好!

❹ 他对中国的经济很_____。

(2) **녹음을 듣고 질문에 알맞은 답을 골라 보세요.** 🎧 W-01-02

❶ 这句话是什么意思?

ⓐ 他是日本人。　　　　　　ⓑ 他是大学生。

ⓒ 他是北京人。　　　　　　ⓓ 他是中学生。

❷ 这句话是什么意思?

ⓐ 他现在不在。　　　　　　ⓑ 他今天不回来。

ⓒ 他出去很长时间了。　　　ⓓ 他在家。

❸ 这句话是什么意思?

ⓐ 您叫什么名字?　　　　　ⓑ 您叫我什么?

ⓒ 您多大年纪?　　　　　　ⓓ 您怎么叫他?

(3) **녹음의 대화를 듣고 질문에 알맞은 답을 골라 보세요.** 🎧 W-01-03

❶ 他们是什么时候认识的?

ⓐ 念小学的时候　　　　　　ⓑ 念初中的时候

ⓒ 念高中的时候　　　　　　ⓓ 念大学的时候

❷ 女的现在在哪儿工作?

ⓐ 在中学　　　　　　　　　ⓑ 在银行

ⓒ 在大学　　　　　　　　　ⓓ 在邮局

❸ 娜贤现在做什么工作?

ⓐ 老师　　　　　　　　　　ⓑ 银行职员

ⓒ 不工作　　　　　　　　　ⓓ 学生

❹ 女的说的是什么意思?

ⓐ 娜贤是中国人。　　　　　ⓑ 娜贤的汉语很好。

ⓒ 她不喜欢娜贤。　　　　　ⓓ 娜贤不一定是中国人。

3 어법

(1) **다음은 어순이 잘못된 문장입니다. 바르게 고쳐 보세요.**

❶ 你坐下一会儿休息吧！

→ _____

❷ 我一句也不会说汉语。

→ _____

❸ 正民现在读书在北大。

→ _____

(2) **빈칸에 들어갈 알맞은 단어를 괄호 안에서 골라 보세요.**

❶ 他（　　　）中国的文化很感兴趣。（对 / 给 / 把）

❷ 你和敏浩是什么时候认识（　　　）？（了 / 吧 / 的）

❸ 我还（　　　）他会高兴呢，没想到他那么生气。（认为 / 以为 / 知道）

(3) **밑줄에 들어갈 알맞은 단어를 박스 안에서 골라 써 보세요.**

> 所以　　　为了　　　但是

❶ _____赶上火车，他一大早就出门了。

❷ 因为今天天气很冷，_____我穿了不少。

❸ 虽然已经十二点了，_____他还没有睡觉。

4 독해

• 중국어 문장을 해석해 보세요.

❶ 虽然敏浩和正民是高中同学，但是因为高中毕业后正民到中国读书，敏浩在韩国学习，所以他们两年没有见面。

→ _____

_____

❷ 听说敏浩来中国进修，为了和敏浩见面，今天正民来敏浩的宿舍找他。敏浩的同屋大卫以为正民是敏浩的女朋友，认识后才知道他们是同学。

→ _____

_____

❸ 敏浩有事要出去一会儿，所以大卫和正民一边等敏浩，一边吃水果，一边谈北京的生活。

→ _____

_____

5 작문

• 문장의 밑줄 친 부분을 중국어로 바꿔 보세요.

金敏浩和李正民是韩国人，他们是高中同学。正民现在在北大读书。敏浩 올해 2월에 중국어 연수를 하러 중국에 왔다 ❶。大卫是敏浩的同屋。그는 중국 경제에 흥미가 있어서 시장 경제를 공부하러 베이징에 왔다 ❷。今天正民来敏浩的宿舍找他，可是他不在，所以正民 한편으로는 그를 기다리면서, 한편으로는 데이빗과 함께 이야기를 나눈다 ❸。

❶ _____

❷ _____

❸ _____

제1과와 관련된 단어를 추가로 익혀 보세요! 🎧 W-01-04

- 学哥 xuégē 남자 선배
- 学姐 xuéjiě 여자 선배
- 学弟 xuédì 남자 후배
- 学妹 xuémèi 여자 후배
- 新生 xīnshēng 신입생
- 同事 tóngshì 동료
- 同桌 tóngzhuō 짝
- 伙伴 huǒbàn 동료, 친구
- 部门 bùmén 부, 부문, 부서

- 董事长 dǒngshìzhǎng 회장
- 总经理 zǒngjīnglǐ 사장
- 主任 zhǔrèn 주임
- 员工 yuángōng 직원
- 实习生 shíxíshēng 인턴

02 早上在便利店打工。

아침에는 편의점에서 아르바이트를 해.

예습하기

다음은 제2과에 나오는 단어입니다. 각 단어를 여러 번 써 보며 한어병음과 의미를 익혀 보세요.

适应
shìyìng 적응하다

压力
yālì 스트레스

节
jié [여러 개로 나누어진 것, 수업 시간 등을 세는 데 쓰임]

早上
zǎoshang 아침

便利店
biànlìdiàn 편의점

打工
dǎgōng 아르바이트하다, 일하다

当
dāng 담당하다, 맡다, ~이 되다

家教
jiājiào 가정교사 = 家庭教师 jiātíng jiàoshī

建议
jiànyì 건의(하다), 제안(하다)

想到
xiǎngdào 생각하다, 생각이 미치다

或者
huòzhě ~이거나 아니면 ~이다

有时
yǒushí 경우에 따라서는, 때로는, 어떤 때

洗
xǐ 씻다, 빨다

上街
shàngjiē 거리로 나가다

逛
guàng 거닐다, 산보하다, 구경하다

颐和园
Yíhéyuán 이허위엔 [베이징의 황실 정원]

转
zhuàn 한가하게 돌아다니다

总
zǒng 늘, 줄곧, 언제나, 내내

紧张
jǐnzhāng 바쁘다, 긴박하다, 격렬하다

自己
zìjǐ 자기, 자신

事情
shìqíng 일, 사건

瑜伽
yújiā 요가

午饭
wǔfàn 점심밥

散步
sànbù 산책하다

报纸
bàozhǐ 신문

幸福
xìngfú 행복(하다)

단어, 듣기, 어법, 독해, 작문 파트의 문제로 제2과에서 배운 내용을 복습해 보세요.

1 단어

(1) 빈칸을 알맞게 채워 넣어 보세요.

한자	병음	뜻
❶	jié	수업 시간을 세는 데 쓰임
❷	yālì	스트레스
建议	❸	건의(하다), 제안(하다)
打工	dǎgōng	❹
❺	shìyìng	적응하다
❻	zìjǐ	자기, 자신
❼	jǐnzhāng	바쁘다, 긴박하다, 격렬하다
家教	jiājiào	❽

(2) 위에서 복습한 단어 중에 알맞은 단어를 넣어 문장을 완성해 보세요.

❶ 如果我是你，就去给学生当＿＿＿＿＿＿＿＿。

❷ 你的＿＿＿＿＿＿＿＿不错，我怎么没想到。

❸ 生活已经适应了，但学习上＿＿＿＿＿＿＿＿太大。

❹ 你来中国五个月了，已经＿＿＿＿＿＿＿＿中国的生活了吧?

2 듣기

(1) 녹음을 듣고 문장을 알맞게 완성해 보세요. 🎧 W-02-01

❶ 我晚上要去补习班学＿＿＿＿＿＿＿＿。

❷ 他们＿＿＿＿＿＿＿＿这个周末一起去颐和园逛逛。

❸ 只有＿＿＿＿＿＿＿＿的时候他可以做自己想做的事情。

❹ 我早上在＿＿＿＿＿＿＿＿打工。

(2) 녹음을 듣고 질문에 알맞은 답을 골라 보세요. 🎧 W-02-02

  ❶ 我来中国多长时间了?

    ⓐ 两个多月了。   ⓑ 三个多月了。

    ⓒ 四个多月了。   ⓓ 五个多月了。

  ❷ 这句话是什么意思?

    ⓐ 你见过我妹妹。   ⓑ 你没见过我妹妹。

    ⓒ 你很想见我妹妹。   ⓓ 你不想见我妹妹。

  ❸ 我今天有几节课?

    ⓐ 两节课   ⓑ 三节课

    ⓒ 五节课   ⓓ 七节课

(3) 녹음의 대화를 듣고 질문에 알맞은 답을 골라 보세요. 🎧 W-02-03

  ❶ 赵亮什么时候有时间?

    ⓐ 下周一   ⓑ 下周二

    ⓒ 下周三   ⓓ 下周四

  ❷ 这个周末我们不打算做什么?

    ⓐ 看电影   ⓑ 去朋友家

    ⓒ 看画展   ⓓ 去颐和园

  ❸ 我下课以后不做什么?

    ⓐ 回宿舍   ⓑ 去书店

    ⓒ 上街逛逛   ⓓ 去图书馆

  ❹ 明天我为什么不能去看电影?

    ⓐ 我有个约会。   ⓑ 我要去打工。

    ⓒ 我要去补习班。   ⓓ 明天是我妈妈的生日。

3 어법

(1) **다음은 어순이 잘못된 문장입니다. 바르게 고쳐 보세요.**

❶ 我早上打工在便利店。

→ _____

❷ 这个周末我带去你颐和园。

→ _____

❸ 我来五个月中国了。

→ _____

(2) **빈칸에 들어갈 알맞은 단어를 괄호 안에서 골라 보세요.**

❶ 生活已经适应了，（　　　）学习上压力太大。（还 / 也 / 但）

❷ 他（　　　）中国的生活已经适应了不少。（跟 / 往 / 对）

❸ 你的建议不错，我（　　　）没想到。（什么 / 怎么 / 多么）

(3) **밑줄에 들어갈 알맞은 단어를 박스 안에서 골라 써 보세요.**

> 已经　　　只有　　　一直

❶ 你来中国五个月了，_____适应中国的生活了吧？

❷ 我早就想去颐和园，可是_____没有机会。

❸ _____周末的时候他可以做自己想做的事情。

4 독해

• 중국어 문장을 해석해 보세요.

1 我每天吃完晚饭，或者看看电视，或者听听音乐，这是我一天中最幸福的时刻。

→ _____

_____

2 你不认识他吗？我以前不是给你介绍过吗？

→ _____

_____

3 我是中文系四年级的学生。我每周三、周五去给高中生当家教，我教的是汉语。我觉得教汉语比学汉语难多了。

→ _____

_____

5 작문

• 문장의 밑줄 친 부분을 중국어로 바꿔 보세요.

> 金敏浩来中国五个月了，중국 생활은 이미 꽤 적응이 되었다 **1**。但总觉得学习太紧张，每天要听八个小时的课。只有周末的时候他可以做自己想做的事情。赵亮每일 수업을 듣는 것 외에 편의점에서 아르바이트도 해야 한다 **2**，晚上还要去补习班学电脑。不过，周末他不用去打工。그들은 이번 주말에 함께 이허위엔에 가서 돌아다니기로 결정했다 **3**。

1 _____

2 _____

3 _____

제2과와 관련된 단어를 추가로 익혀 보세요! 🎧 W-02-04

- 睡懒觉 shuì lǎn jiào 늦잠을 자다
- 睡醒 shuìxǐng 잠에서 깨어나다
- 打哈欠 dǎ hāqian 하품하다
- 晨跑 chénpǎo 조깅하다
- 刮胡子 guā húzi 수염을 깎다
- 梳头 shūtóu 머리를 빗다

- 洗澡 xǐzǎo 목욕하다
- 放学 fàngxué 학교를 마치다
- 课外辅导 kèwài fǔdǎo 과외지도
- 写作业 xiě zuòyè 숙제하다
- 睡觉 shuìjiào 자다
- 说梦话 shuō mènghuà 잠꼬대를 하다

- 照镜子 zhào jìngzi 거울을 보다
- 镜子 jìngzi 거울
- 毛巾 máojīn 수건, 타월
- 刷牙 shuā yá 이를 닦다
- 牙膏 yágāo 치약
- 纸巾 zhǐjīn 티슈, 화장

03 这个学期我们努力学习吧!

이번 학기에 우리 열심히 공부하자!

예습하기

다음은 제3과에 나오는 단어입니다. 각 단어를 여러 번 써 보며 한어병음과 의미를 익혀 보세요.

奖学金
jiǎngxuéjīn 장학금

必修
bìxiū 필수 과목

祝贺
zhùhè 축하하다, 경하하다

选修
xuǎnxiū 선택 과목

砸
zá 실패하다, 망치다, 틀어지다

并
bìng 결코, 전혀, 조금도

光
guāng 단지, 오로지, 다만

轻松
qīngsōng 수월하다, 가볍다, 부담이 없다

顾
gù 돌보다, 보살펴 주다, 주의하다

影响
yǐngxiǎng 영향을 주다, 영향을 끼치다

社团
shètuán 서클, 동아리, 사회단체

内容
nèiróng 내용

活动
huódòng 활동, 운동, 행사, 모임

特别
tèbié 특별하다, 다르다

熬
áo 견디다, (밤을) 새다

停课
tíng kè 휴강하다, 수업을 중지하다

参加
cānjiā 참가하다, 가입하다, 참여하다

发表
fābiǎo 발표하다

茶道
chádào 다도

报告
bàogào 보고, 보고서, 리포트

吉他
jítā 기타(guitar)

改
gǎi 고치다, 바꾸다, 변경하다

拉丁舞
lādīngwǔ 라틴댄스

交
jiāo 넘기다, 내다, 제출하다

专业
zhuānyè 전공

为止
wéizhǐ ~으로 마감하다

 **복습하기**

단어. 듣기. 어법. 독해. 작문 파트의 문제로 제3과에서 배운 내용을 복습해 보세요.

1 단어

(1) 빈칸을 알맞게 채워 넣어 보세요.

한자	병음	뜻
❶	zá	실패하다, 망치다, 틀어지다
专业	zhuānyè	❷
祝贺	❸	축하하다
平均	píngjūn	❹
❺	guāng	단지, 오로지, 다만
吉他	❻	기타
轻松	qīngsōng	❼
❽	bùguǎn	~을 막론하고, ~에 관계없이

(2) 위에서 복습한 단어 중에 알맞은 단어를 넣어 문장을 완성해 보세요.

❶ 上个学期我考＿＿＿＿＿＿＿＿了。

❷ 别＿＿＿＿＿＿＿＿想着玩，好好儿学习吧。

❸ 这个学期我选了四门＿＿＿＿＿＿＿＿必修课。

❹ ＿＿＿＿＿＿＿＿怎样，我们努力学习吧!

2 듣기

(1) 녹음을 듣고 문장을 알맞게 완성해 보세요. 🎧 W-03-01

❶ 听说这个学期你拿到了＿＿＿＿＿＿＿＿。

❷ 上个星期我＿＿＿＿＿＿＿＿了几个晚上。

❸ 上学期我参加了太多的＿＿＿＿＿＿＿＿活动。

❹ 你上个学期的＿＿＿＿＿＿＿＿也不错吧?

(2) 녹음을 듣고 질문에 알맞은 답을 골라 보세요. 🎧 W-03-02

   ❶ 这句话是什么意思?

      ⓐ 这件衣服漂亮吗?   ⓑ 这件衣服为什么漂亮?

      ⓒ 这件衣服一点儿也不漂亮。   ⓓ 我不知道这件衣服漂亮不漂亮。

   ❷ 这句话是什么意思?

      ⓐ 学跆拳道很难。   ⓑ 学跆拳道很容易。

      ⓒ 学跆拳道不太难。   ⓓ 学跆拳道太容易了。

   ❸ 昨天几个人没来?

      ⓐ 两个人   ⓑ 三个人

      ⓒ 四个人   ⓓ 五个人

(3) 녹음의 대화를 듣고 질문에 알맞은 답을 골라 보세요. 🎧 W-03-03

   ❶ 女的明天什么时候在家?

      ⓐ 早上在家。   ⓑ 晚上在家。

      ⓒ 整天在家。   ⓓ 明天不在家。

   ❷ 女的说的是什么意思?

      ⓐ 她不想参加吉他社。   ⓑ 她不想参加茶道社。

      ⓒ 她不想参加拉丁舞社。   ⓓ 她什么社团都不想参加。

   ❸ 女的一共选了几门课?

      ⓐ 三门   ⓑ 五门

      ⓒ 七门   ⓓ 八门

   ❹ 女的说的是什么意思?

      ⓐ 女的也没来。   ⓑ 女的也生病了。

      ⓒ 王老师也没来。   ⓓ 王老师没讲什么特别的内容。

3 어법

(1) **다음은 틀린 문장입니다. 바르게 고쳐 보세요.**

❶ 不管他不来，我们马上就出发。

→ _____

❷ 我这个学期参加只吉他社的活动。

→ _____

❸ 我要关于韩国市场的调查报告发表。

→ _____

(2) **빈칸에 들어갈 알맞은 단어를 괄호 안에서 골라 보세요.**

❶ 看(　　　)，在中国生活并不轻松。（上来 / 出来 / 起来）

❷ 这次考试雨林考得最好，他是第一(　　　)。（人 / 名 / 个）

❸ 我选了八(　　　)课。（时 / 个 / 门）

(3) **밑줄에 들어갈 알맞은 단어를 박스 안에서 골라 써 보세요.**

> 太　　　光　　　还

❶ 我选了口语、阅读，_____有写作。

❷ _____他一个人没来。

❸ 这个学期我选了_____多的课，累死了。

4 독해

- 중국어 문장을 해석해 보세요.

① 不管你做错了什么事，你也是我的弟弟。

→ _____

_____

② 有些事看起来很容易，但做起来，特别是要做好，真不容易。

→ _____

_____

③ 如果你毕业后想去中国留学，请看这本书里关于中国大学的介绍。

→ _____

_____

5 작문

- 다음 문장의 밑줄 친 부분을 중국어로 바꿔 보세요.

刘小庆은 반에서 학습 성적이 줄곧 1, 2등을 다투었다 ❶. 可是上学期因为参加了太多的社团活动，影响了学习，她没能拿到奖学金。所以이번 학기에 그녀는 기타동아리 활동만 할 예정이다 ❷。这学期刘小庆选了四门必修课和三门选修课。그녀는 이번 학기에 열심히 공부해서 장학금을 받으려고 한다 ❸.

❶ _____

❷ _____

❸ _____

제3과와 관련된 단어를 추가로 익혀 보세요! 🎧 W-03-04

- 迟到 chídào 지각하다
- 早退 zǎotuì 조퇴하다
- 逃学 táoxué 수업을 빼먹다
- 旷课 kuàngkè 무단결석하다
- 补课 bǔkè 보충 수업을 하다
- 提交报告 tíjiāo bàogào 리포트를 제출하다

- 期中考试 qīzhōng kǎoshì 중간고사
- 期末考试 qīmò kǎoshì 기말고사
- 校庆日 xiàoqìngrì 개교기념일
- 新生欢迎会 xīnshēng huānyínghuì 신입생 환영회
- 毕业旅行 bìyè lǚxíng 졸업 여행
- 校友会 xiàoyǒuhuì 동창회

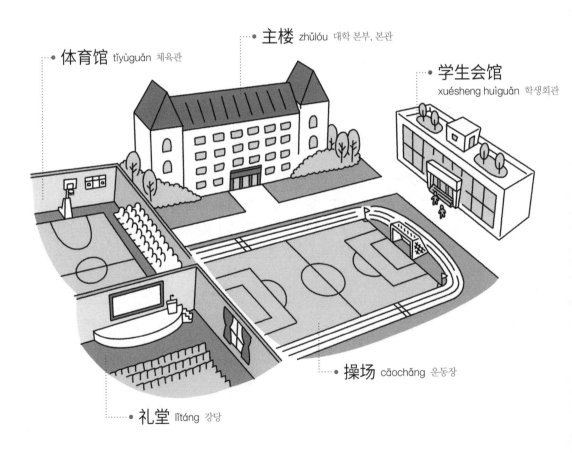

- 主楼 zhǔlóu 대학 본부, 본관
- 体育馆 tǐyùguǎn 체육관
- 学生会馆 xuésheng huìguǎn 학생회관
- 操场 cāochǎng 운동장
- 礼堂 lǐtáng 강당
- 在校园里 zài xiàoyuán li 캠퍼스에서

04 我是篮球迷。

나는 농구광이야.

다음은 제4과에 나오는 단어입니다. 각 단어를 여러 번 써 보며 한어병음과 의미를 익혀 보세요.

连续
liánxù 연속하다, 계속하다

投
tóu 던지다, 투척하다

迷
mí 팬(fan), 광(狂), 마니아(mania)

场
chǎng 차례, 바탕

比赛
bǐsài 경기, 시합

那还用说
Nà hái yòng shuō 말할 것도 없지! 그렇고 말고!

可惜
kěxī 섭섭하다, 아쉽다, 애석하다

上次
shàngcì 지난번, 저번

负伤
fùshāng 부상을 당하다, 다치다

输
shū 패하다, 지다, 잃다

可不是
kěbúshì 왜 아니겠나, 그렇지, 그렇고 말고

比
bǐ (두 개의 수를 비교할 때) ~대~

差
chà 부족하다, 모자라다

赢
yíng 이기다, 승리하다

队
duì (어떤 성질을 지닌) 단체, 팀

加油
jiāyóu 힘을 내다, 격려하다, 응원하다

不如
bùrú ~만 못하다

这样
zhèyàng 이렇다, 이와 같다, 이렇게

力量
lìliang 능력, 역량, 힘

约
yuē 약속하다

参赛
cānsài 시합에 참가하다, 경기에 나가다

今晚
jīnwǎn 오늘 밤

相信
xiāngxìn 믿다, 신임하다, 신뢰하다

围棋
wéiqí 바둑

麻将
májiàng 마작

拍照
pāizhào 사진을 찍다

단어, 듣기, 어법, 독해, 작문 파트의 문제로 제4과에서 배운 내용을 복습해 보세요.

1 단어

(1) 빈칸을 알맞게 채워 넣어 보세요.

한자	병음	뜻
加油	jiāyóu	❶
❷	kěxī	섭섭하다, 아쉽다, 애석하다
输	❸	패하다, 지다, 잃다
赢	yíng	❹
❺	fùshāng	부상을 당하다, 다치다
力量	❻	능력, 역량, 힘
❼	bǐsài	경기, 시합
❽	mí	팬(fan), 광(狂), 마니아(mania)

(2) 위에서 복습한 단어 중에 알맞은 단어를 넣어 문장을 완성해 보세요.

❶ 人多＿＿＿＿＿＿大。

❷ 我可是篮球＿＿＿＿＿＿。

❸ 今天我们和日本有篮球＿＿＿＿＿＿。

❹ 今天我们为韩国队＿＿＿＿＿＿，怎么样？

2 듣기

(1) 녹음을 듣고 문장을 알맞게 완성해 보세요. 🎧 W-04-01

❶ 你＿＿＿＿＿＿打得真不错。

❷ 你来我们＿＿＿＿＿＿一起看比赛，怎么样？

❸ 你＿＿＿＿＿＿投进了这么多球!

❹ 等有＿＿＿＿＿＿，咱们打一场，怎么样？

24

(2) **녹음을 듣고 질문에 알맞은 답을 골라 보세요.** 🎧 W-04-02

❶ 今天我们赢了多少分?

ⓐ 一分　　　　　　　　ⓑ 三分

ⓒ 七分　　　　　　　　ⓓ 八分

❷ 这句话是什么意思?

ⓐ 你来比较好。　　　　ⓑ 我去比较好。

ⓒ 你来、我去都很好。　ⓓ 你来、我去都不好。

❸ 这句话是什么意思?

ⓐ 他是钓鱼迷。　　　　ⓑ 他不喜欢吃鱼。

ⓒ 他不喜欢钓鱼。　　　ⓓ 每周末他都去买鱼。

(3) **녹음의 대화를 듣고 질문에 알맞은 답을 골라 보세요.** 🎧 W-04-03

❶ 雨林为什么不能去打篮球?

ⓐ 他感冒了。　　　　　ⓑ 他明天有考试。

ⓒ 他的脚被扭伤了。　　ⓓ 他要去图书馆找朋友。

❷ 男的不喜欢做什么?

ⓐ 游泳　　　　　　　　ⓑ 爬山

ⓒ 钓鱼　　　　　　　　ⓓ 拍照

❸ 他们在谈什么?

ⓐ 历史　　　　　　　　ⓑ 音乐

ⓒ 电影　　　　　　　　ⓓ 拍照

❹ 他们要做什么?

ⓐ 下班　　　　　　　　ⓑ 下棋

ⓒ 打麻将　　　　　　　ⓓ 打篮球

3 어법

(1) **다음은 어순이 잘못된 문장입니다. 바르게 고쳐 보세요.**

❶ 你打篮球得真不错。

→ _____

❷ 我没有唱得你那么好。

→ _____

❸ 他们一起打了篮球一场。

→ _____

(2) **빈칸에 들어갈 알맞은 단어를 괄호 안에서 골라 보세요.**

❶ 我和他说（　　　）明天一起去看电影。（好 / 到 / 着）

❷ （　　　）钓鱼，我可没什么兴趣。（给 / 跟 / 对）

❸ 我们下一（　　　）围棋，怎么样？（场 / 盘 / 次）

(3) **밑줄에 들어갈 알맞은 단어를 박스 안에서 골라 써 보세요.**

> 可　　为　　等

❶ 我们一起_____韩国队加油吧。

❷ _____他来了再说吧。

❸ 我_____不想和你一起去。

4 독해

● 중국어 문장을 해석해 보세요.

❶ 我对篮球没什么兴趣，可我男朋友是个篮球迷。最近他光谈篮球，不谈别的。

→ _____

_____

❷ 时间不早了，书店快关门了，咱们不如明天再去书店买书。

→ _____

_____

❸ 我好久没见到正民了，今天在路上见到了她。以前她比我矮不少，可现在她比我高多了。

→ _____

_____

5 작문

● 문장의 밑줄 친 부분을 중국어로 바꿔 보세요.

> 赵亮和王大明都是篮球迷，因此그들은 시간이 있으면 같이 농구를 한 게임 하기로 약속했다 ❶。今天晚上中国队和日本队有篮球比赛。上次因为姚小明负伤没能参赛，中国队输了。今晚김민호와 왕따밍은 자오량의 기숙사에 가서 함께 중국팀을 응원하기로 했다 ❷。그들은 오늘 저녁 경기는 중국팀이 반드시 이길 거라고 믿는다 ❸。

❶ _____

❷ _____

❸ _____

플러스 단어

제4과와 관련된 단어를 추가로 익혀 보세요! 🎧 W-04-04

- 排球 páiqiú 배구
- 棒球 bàngqiú 야구
- 乒乓球 pīngpāngqiú 탁구
- 羽毛球 yǔmáoqiú 배드민턴
- 保龄球 bǎolíngqiú 볼링
- 高尔夫球 gāo'ěrfūqiú 골프

- 跳水 tiàoshuǐ 다이빙
- 滑冰 huábīng 스케이트
- 滑雪 huáxuě 스키
- 马拉松 mǎlāsōng 마라톤
- 田径赛 tiánjìngsài 육상 경기
- 拉拉队 lālāduì 응원단

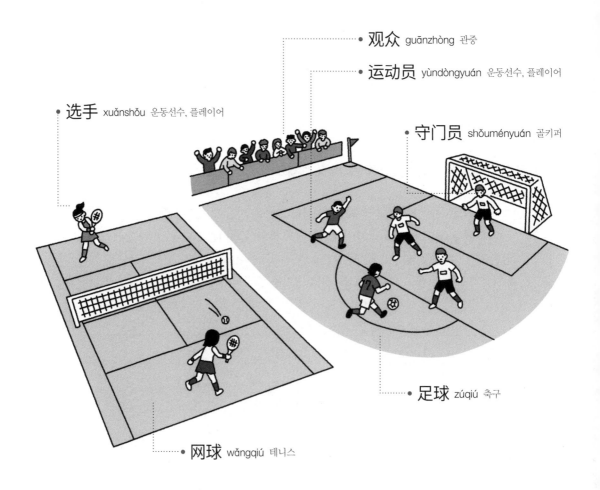

- 观众 guānzhòng 관중
- 运动员 yùndòngyuán 운동선수, 플레이어
- 选手 xuǎnshǒu 운동선수, 플레이어
- 守门员 shǒuményuán 골키퍼
- 足球 zúqiú 축구
- 网球 wǎngqiú 테니스

05 我哥是双眼皮，高鼻梁。

우리 형은 쌍꺼풀에 콧날이 오똑해.

예습하기

다음은 제5과에 나오는 단어입니다. 각 단어를 여러 번 써 보며 한어병음과 의미를 익혀 보세요.

全家福
quánjiāfú 가족사진

外向
wàixiàng (성격이) 외향적이다

叔叔
shūshu 아저씨

内向
nèixiàng (성격이) 내성적이다

阿姨
āyí 아주머니

气质
qìzhì (외모에서 풍기는) 분위기, 기질, 성미, 성격

慈祥
cíxiáng 자애롭다, 자상하다

时髦
shímáo 유행이다, 최신식이다

善良
shànliáng 착하다

双眼皮
shuāngyǎnpí 쌍꺼풀

长
zhǎng 자라다, (외모가 ~하게) 생기다

鼻梁
bíliáng 콧대, 콧날, 콧등

简直
jiǎnzhí 그야말로, 너무나, 정말로

开朗
kāilǎng 명랑하다, 쾌활하다

一模一样
yìmúyíyàng 모양이 완전히 같다

正直
zhèngzhí (성질이) 바르고 곧다, 진솔하다

外表
wàibiǎo 외모, 겉모습

样子
yàngzi 정세, 형세

像
xiàng 닮다, 비슷하다

理想型
lǐxiǎngxíng 이상형

性格
xìnggé 성격

英俊
yīngjùn 잘생기다, 재능이 출중하다

完全
wánquán 완전히, 전혀

戴
dài (신체에) 착용하다, 쓰다, 차다

不同
bùtóng 같지 않다, 다르다

帽子
màozi 모자

복습하기

단어, 듣기, 어법, 독해, 작문 파트의 문제로 제5과에서 배운 내용을 복습해 보세요.

1 단어

(1) 빈칸을 알맞게 채워 넣어 보세요.

한자	병음	뜻
全家福	quánjiāfú	❶
❷	cíxiáng	자애롭다, 자상하다
善良	❸	착하다
鼻梁	bíliáng	❹
❺	yīngjùn	잘생기다, 재능이 출중하다
外表	❻	외모, 겉모습
❼	wàixiàng	(성격이) 외향적이다
时髦	❽	유행하다, 최신식이다

(2) 위에서 복습한 단어 중에 알맞은 단어를 넣어 문장을 완성해 보세요.

❶ 这是我们的＿＿＿＿＿＿＿＿。

❷ 我哥长得很＿＿＿＿＿＿＿＿。

❸ 我性格比较＿＿＿＿＿＿＿＿。

❹ 我哥双眼皮，高＿＿＿＿＿＿＿＿。

2 듣기

(1) 녹음을 듣고 문장을 알맞게 완성해 보세요. 🎧 W-05-01

❶ 你哥正是我姐的＿＿＿＿＿＿＿＿。

❷ 她妹妹长得和她＿＿＿＿＿＿＿＿。

❸ 你姐姐很有＿＿＿＿＿＿＿＿。

❹ 我们＿＿＿＿＿＿＿＿很像。

(2) 녹음을 듣고 질문에 알맞은 답을 골라 보세요. 🎧 W-05-02

❶ 下面哪一个说得对?

ⓐ 这件T恤很漂亮。　　　　ⓑ 这件T恤太便宜了。
ⓒ 这件T恤有点儿小。　　　　ⓓ 这件T恤颜色不好。

❷ 我不喜欢什么颜色?

ⓐ 红色和黄色　　　　ⓑ 黄色和黑色
ⓒ 黄色和绿色　　　　ⓓ 红色和黑色

❸ 我弟弟长得像谁?

ⓐ 爸爸　　　　ⓑ 妈妈
ⓒ 我　　　　ⓓ 谁也不像。

(3) 녹음의 대화를 듣고 질문에 알맞은 답을 골라 보세요. 🎧 W-05-03

❶ 我朋友穿什么?

ⓐ 戴眼镜，穿红衣服。　　　　ⓑ 不戴眼镜，穿蓝衣服。
ⓒ 戴帽子，穿红衣服。　　　　ⓓ 不戴帽子，穿蓝衣服。

❷ 下面哪一个说得对?

ⓐ 弟弟比我内向。　　　　ⓑ 弟弟性格和我一样。
ⓒ 弟弟非常正直。　　　　ⓓ 弟弟性格很开朗。

❸ 下面哪一个说得不对?

ⓐ 正民穿着牛仔裤。　　　　ⓑ 正民戴着眼镜。
ⓒ 正民戴着帽子。　　　　ⓓ 正民是新来的同学。

❹ 我妹妹的眼睛像谁?

ⓐ 爷爷　　　　ⓑ 爸爸
ⓒ 妈妈　　　　ⓓ 我

3   어법

(1) **다음은 어순이 잘못된 문장입니다. 바르게 고쳐 보세요.**

❶ 天气一热，就我不想出去。

→ _____

❷ 他不长得怎么样。

→ _____

❸ 我性格外向，可却妹妹比较内向。

→ _____

(2) **빈칸에 들어갈 알맞은 단어를 괄호 안에서 골라 보세요.**

❶ 李正民（   ）金敏浩看她家的全家福。（对 / 给 / 跟）

❷ 我们外表很像，（   ）性格完全不同。（不过 / 所以 / 因为）

❸ 我一眼就能看（   ）她是你妹妹。（起来 / 上来 / 出来）

(3) **밑줄에 들어갈 알맞은 단어를 박스 안에서 골라 써 보세요.**

> 一   可   却

❶ 大家都喜欢看足球，他_____喜欢看篮球。

❷ 我_____看书，就想睡觉。

❸ 哇！这两天的天气比上个星期_____暖和多了。

4 독해

• 중국어 문장을 해석해 보세요.

❶ 雨林告诉我他的理想型是大眼睛、高个子、性格比较外向的人，最后他还看着我说"就像你这样的"。听了这话，我非常高兴。

→ _____

_____

❷ 我和妹妹长得不一样。我更像爸爸，没有双眼皮，又高又瘦。妹妹更像妈妈，她有双眼皮，鼻梁也很高。

→ _____

_____

❸ 我性格比较内向，我喜欢娜贤，却一直找不到机会跟她说话。今天我看到她一个人坐在教室里，我该怎么做才好呢？

→ _____

_____

5 작문

• 문장의 밑줄 친 부분을 중국어로 바꿔 보세요.

이정민은 김민호에게 자기 집 가족사진을 보여 주었다 ❶. 正民的父母很慈祥；정민이의 여동생은 정민이와 똑같이 생겼지만 성격은 완전히 다르다 ❷；正民还有一个姐姐，很有气质，她喜欢正直的男人。敏浩有一个哥哥，长得非常英俊，但没有女朋友。因此 민호는 정민이의 언니에게 자기 형을 소개시켜 주고 싶어 한다 ❸.

❶ _____

❷ _____

❸ _____

제5과와 관련된 단어를 추가로 익혀 보세요! 🎧 W-05-04

- 文静 wénjìng 차분하다
- 活泼 huópō 활발하다
- 温柔 wēnróu 부드럽다
- 纯洁 chúnjié 순수하다
- 认真 rènzhēn 진지하다
- 灵活 línghuó 융통성이 있다

- 爱说话 ài shuō huà 수다스럽다
- 嘴快 zuǐkuài 입이 싸다
- 小心眼 xiǎoxīnyǎn 옹졸하다
- 圆脸 yuánliǎn 동그란 얼굴
- 方脸 fāngliǎn 각진 얼굴
- 瓜子脸 guāzǐliǎn V라인 얼굴

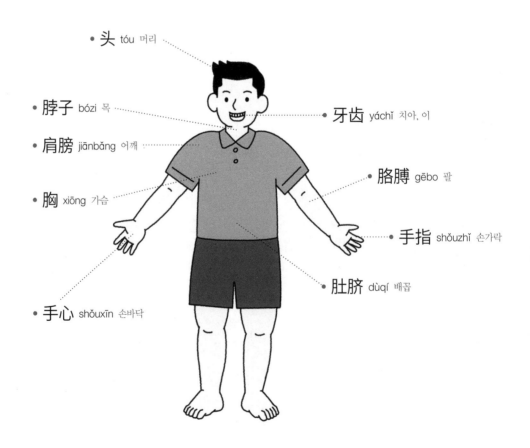

- 头 tóu 머리
- 脖子 bózi 목
- 肩膀 jiānbǎng 어깨
- 胸 xiōng 가슴
- 手心 shǒuxīn 손바닥
- 牙齿 yáchǐ 치아, 이
- 胳膊 gēbo 팔
- 手指 shǒuzhǐ 손가락
- 肚脐 dùqí 배꼽

날짜: . .

06 请问，您想买什么鞋?

어떤 신발을 사려고 하십니까?

예습하기

다음은 제6과에 나오는 단어입니다. 각 단어를 여러 번 써 보며 한어병음과 의미를 익혀 보세요.

鞋
xié 신발

皮鞋
píxié 구두

运动鞋
yùndòngxié 운동화

双
shuāng 켤레, 쌍, 매

遗憾
yíhàn 유감스럽다

种
zhǒng 종, 종류, 갈래

款式
kuǎnshì 스타일, 양식, 디자인

大小
dàxiǎo 크기

合适
héshì 적당하다, 알맞다

原价
yuánjià 원래 가격

打折
dǎzhé 할인하다

现价
xiànjià 현재 가격

价钱
jiàqián 값, 가격

稍微
shāowēi 조금, 약간, 다소

扫
sǎo 스캔하다

二维码
èrwéimǎ QR코드

商场
shāngchǎng 쇼핑센터, 대형매장

大减价
dà jiǎnjià 빅 세일(big sale)

看上
kànshang 마음에 들다, 눈에 들다

售货员
shòuhuòyuán 판매원

推荐
tuījiàn 추천하다

其他
qítā 기타, 그 밖, 그 외

商品
shāngpǐn 상품, 물건

满意
mǎnyì 만족하다, 만족스럽다

最后
zuìhòu 최후, 마지막, 끝

选择
xuǎnzé 고르다, 선택하다

복습하기

단어. 듣기. 어법. 독해. 작문 파트의 문제로 제6과에서 배운 내용을 복습해 보세요.

1 단어

(1) 빈칸을 알맞게 채워 넣어 보세요.

한자	병음	뜻
❶	kuǎnshì	스타일, 양식, 디자인
选择	xuǎnzé	❷
大小	❸	크기
商场	shāngchǎng	❹
❺	tuìhuàn	(상품을) 물리고 바꾸다, 교환하다
皮鞋	❻	구두
稍微	shāowēi	❼
❽	zhīfù	결제하다

(2) 위에서 복습한 단어 중에 알맞은 단어를 넣어 문장을 완성해 보세요.

❶ 我不怎么喜欢这种_____的。

❷ 价钱_____贵了点儿。

❸ 我就要这双鞋了，能用手机_____吗?

❹ 他_____了一双新款运动鞋。

2 듣기

(1) 녹음을 듣고 문장을 알맞게 완성해 보세요. 🎧 W-06-01

❶ 他_____一双运动鞋。

❷ 售货员给他_____其他商品。

❸ 商场_____大减价。

❹ 因为是_____, 所以只打八折。

36

(2) 녹음을 듣고 질문에 알맞은 답을 골라 보세요. W-06-02

➊ 这句话是什么意思?

ⓐ 我不太会喝酒。　　　ⓑ 我很会喝酒。
ⓒ 我没时间喝酒。　　　ⓓ 我没钱喝酒。

➋ 这句话是什么意思?

ⓐ 这件衣服不漂亮。　　ⓑ 这件衣服没有别的漂亮。
ⓒ 这件衣服有点贵。　　ⓓ 这件衣服不很贵。

➌ 这句话是什么意思?

ⓐ 我没吃过这道菜。　　ⓑ 我不想再吃这道菜。
ⓒ 我不想吃别的菜。　　ⓓ 我喜欢吃这道菜。

(3) 녹음의 대화를 듣고 질문에 알맞은 답을 골라 보세요. W-06-03

➊ 能用什么结账?

ⓐ 能用信用卡。　　　　ⓑ 能用现金。
ⓒ 现金、信用卡都行。　ⓓ 现金、信用卡都不行。

➋ 女的说的是什么意思?

ⓐ 不能再便宜了。　　　ⓑ 一点也不贵。
ⓒ 能再便宜一点儿。　　ⓓ 太便宜了。

➌ 这件衬衣多少钱?

ⓐ 70元。　　　　　　　ⓑ 50元。
ⓒ 40元。　　　　　　　ⓓ 30元。

➍ 女的说的是什么意思?

ⓐ 款式、颜色都不错。　ⓑ 款式好，颜色不好。
ⓒ 款式、颜色都不好。　ⓓ 颜色好，款式不好。

3 어법

(1) 다음은 틀린 문장입니다. 바르게 고쳐 보세요.

① 能不能更便宜一点？

→ _____

② 他选择了一对新款运动鞋。

→ _____

③ 能结账用信用卡吗？

→ _____

(2) 빈칸에 들어갈 알맞은 단어를 괄호 안에서 골라 보세요.

① 大小挺合适，颜色（　　　　）不错。（都 / 又 / 也）

② 请（　　　　）我拿一双42号的。（向 / 到 / 给）

③ 他（　　　　）我推荐这本词典。（到 / 给 / 往）

(3) 밑줄에 들어갈 알맞은 단어를 박스 안에서 골라 써 보세요.

> 怎么　　　上　　　对

① 那_____夫妻住在我家附近。

② 我不_____会说汉语。

③ 我看_____了一件衬衣。

4 독해

• 중국어 문장을 해석해 보세요.

❶ 夏天就要到了，百货商场的春季商品都打五折。正民春天的时候看上了一双皮鞋，但因为价格稍微贵了一点儿，她没有买。现在打折，她决定马上去买。

→ _____

_____

❷ 到了商场，买了皮鞋，她决定再看看衣服。夏天的新款虽然打八折，但价钱还是太贵。

→ _____

_____

❸ 这时，正民看上了一件衬衣，虽然不是新款，但价格不怎么贵，款式和颜色也都不错。她试了试，很合适，所以买了一件。

→ _____

_____

5 작문

• 문장의 밑줄 친 부분을 중국어로 바꿔 보세요.

> 　　敏浩去买运动鞋，商场正在大减价。他看上一双运动鞋，<u>그러나 안타깝게도 그에게 맞는 사이즈가 없었다</u> ❶。售货员给他推荐其他商品，他都不太满意。<u>결국 그는 운동화 한 켤레를 택했는데, 400위안이었다</u> ❷，因为是新款，所以只打八折。虽然敏浩觉得有点贵，<u>사이즈도 잘 맞고 스타일도 예뻐서 320위안을 내고 이 운동화를 샀다</u> ❸。

❶ _____

❷ _____

❸ _____

제6과와 관련된 단어를 추가로 익혀 보세요! 🎧 W-06-04

- 赶时髦 gǎn shímáo 유행을 따르다
- 朴素 pǔsù 심플하다
- 花哨 huāshao 화려하다
- 衬衣 chènyī 셔츠
- 裤子 kùzi 바지
- 裙子 qúnzi 치마

- 短裤 duǎnkù 반바지
- 凉鞋 liángxié 샌들
- 高跟鞋 gāogēnxié 하이힐
- 围巾 wéijīn 머플러
- 腰带 yāodài 허리띠
- 首饰 shǒushi 액세서리

- 口袋 kǒudài ; 衣袋 yīdài 주머니
- 领带 lǐngdài 넥타이
- 领子 lǐngzi 깃, 칼라
- T恤衫 T xùshān 티셔츠
- 大衣 dàyī 코트, 외투
- 扣子 kòuzi 단추
- 茄克 jiākè 재킷

날짜: .   .

08 我们去麦当劳吃午饭怎么样?

우리 맥도날드 가서 점심 먹는 것 어때?

예습하기 ·····

다음은 제8과에 나오는 단어입니다. 각 단어를 여러 번 써 보며 한어병음과 의미를 익혀 보세요.

汉堡
hànbǎo 햄버거 = 汉堡包 hànbǎobāo

麦当劳
Màidāngláo 맥도날드(MacDonald)

垃圾食品
lājī shípǐn 정크푸드

食堂
shítáng (기관·단체 내의) 구내 식당

中国菜
Zhōngguó cài 중국 음식

连
lián ~조차도, ~마저도, ~까지도

菜谱
càipǔ 메뉴

背
bèi 외우다

腻
nì 느끼하다, 음식이 기름지다

口味儿
kǒuwèir 입맛, 구미

既然
jìrán 기왕 그렇게 된 이상

午餐
wǔcān 점심 식사

开始
kāishǐ 시작되다

起来
qǐlai [어떤 동작이 시작되어 계속됨을 나타냄]

座位
zuòwèi 자리, 좌석

欢迎光临
huānyíng guānglín 어서 오세요

鸡
jī 닭

腿
tuǐ 다리

薯条
shǔtiáo 감자튀김, 프렌치프라이

不如
bùrú ~하는 편이 낫다

套餐
tàocān 세트 음식, 세트 메뉴

续杯
xù bēi (음료수를) 리필하다

用餐
yòng cān 식사를 하다, 밥을 먹다

带走
dàizǒu 가지고 가다, 테이크아웃하다

由于
yóuyú ~때문에, ~으로 인하여

果汁
guǒzhī 과일주스

복습하기

단어. 듣기. 어법. 독해. 작문 파트의 문제로 제8과에서 배운 내용을 복습해 보세요.

1 단어

(1) 빈칸을 알맞게 채워 넣어 보세요.

한자	병음	뜻
❶	nì	느끼하다, 음식이 기름지다
带走	dàizǒu	❷
❸	yòng cān	식사를 하다, 밥을 먹다
菜谱	càipǔ	❹
鸡腿	❺	닭다리
口味儿	❻	입맛, 구미
❼	wǔcān	점심 식사
套餐	tàocān	❽

(2) 위에서 복습한 단어 중에 알맞은 단어를 넣어 문장을 완성해 보세요.

❶ 我连＿＿＿＿＿＿都能背下来了。

❷ 真的吃＿＿＿＿＿＿了，想换换口味儿。

❸ 现在是＿＿＿＿＿＿时间，人开始多起来了。

❹ 您在这儿用餐，还是＿＿＿＿＿＿？

2 듣기

(1) 녹음을 듣고 문장을 알맞게 완성해 보세요. 🎧 W-08-01

❶ 今天他想换换＿＿＿＿＿＿。

❷ 他们一起＿＿＿＿＿＿了麦当劳。

❸ ＿＿＿＿＿＿吃的都是中国菜。

❹ 大明知道＿＿＿＿＿＿汉堡对身体不好。

42

(2) **녹음을 듣고 질문에 알맞은 답을 골라 보세요.** 🎧 W-08-02

❶ 这句话是什么意思?

    ⓐ 什么都可以。   ⓑ 我不知道要买什么。

    ⓒ 你什么都想要。   ⓓ 我知道你想买什么。

❷ 他下午要干什么?

    ⓐ 吃饭   ⓑ 看电影

    ⓒ 看书   ⓓ 去公园

❸ 套餐多少钱?

    ⓐ 两块多   ⓑ 三块多

    ⓒ 不到两块   ⓓ 不到三块

(3) **녹음의 대화를 듣고 질문에 알맞은 답을 골라 보세요.** 🎧 W-08-03

❶ 男的想喝什么?

    ⓐ 茶   ⓑ 果汁

    ⓒ 咖啡   ⓓ 酒

❷ 男的说的是什么意思?

    ⓐ 只好吃中国菜   ⓑ 一定要换换口味儿

    ⓒ 去别的饭馆吃饭   ⓓ 想到远一点儿的地方去吃

❸ 男的说的是什么意思?

    ⓐ 这几天太忙了   ⓑ 今天身体很不好

    ⓒ 开会很有意思   ⓓ 不想吃饭

❹ 男的吃完饭打算做什么?

    ⓐ 去看电影   ⓑ 准备考试

    ⓒ 到图书馆还书   ⓓ 回家休息

3 어법

(1) **다음은 틀린 문장입니다. 바르게 고쳐 보세요.**

❶ 什么地方都他去过。

→ _____

❷ 他连这个字不认识。

→ _____

❸ 你想去哪儿，我就陪你去什么地方。

→ _____

(2) **빈칸에 들어갈 알맞은 단어를 괄호 안에서 골라 보세요.**

❶ 您(   )点套餐，这样更便宜。（不如 / 不好 / 不会）

❷ 一天三餐，(   )在食堂吃中国菜。（还 / 但 / 都）

❸ 四月了，天气暖和(   )了。（下来 / 起来 / 上去）

(3) **밑줄에 들어갈 알맞은 단어를 박스 안에서 찾아 골라 써 보세요.**

> 到   对   是

❶ 汉堡喜欢_____喜欢，不过这是垃圾食品。

❷ 多吃汉堡_____身体不好。

❸ 他们一起来_____了麦当劳。

4 독해

- 중국어 문장을 해석해 보세요.

❶ 敏浩平时只爱吃韩国菜，来中国以后他什么中国菜都不喜欢吃，所以吃得很
少。别的同学来中国以后都胖了不少，可敏浩倒瘦了10斤。

→ _____

_____

❷ 今天敏浩的高中同学正民来找他玩儿，本来她想点几个好吃的中国菜让敏浩
尝尝，但敏浩说他好长时间没吃过韩国菜了，所以决定带敏浩去吃韩国菜。

→ _____

_____

❸ 到了餐厅，正民对敏浩说："你想吃什么就点什么吧，今天我请你。"听了这
话，敏浩很感动，连眼睛都红了起来。

→ _____

_____

5 작문

- 문장의 밑줄 친 부분을 중국어로 바꿔 보세요.

大卫来中国两个月多了，一日三餐吃的都是中国菜。오늘 그는 입맛을 좀 바
꿔 보고 싶었다 ❶。所以建议大明一起去吃麦当劳。虽然따밍은 햄버거를 많이 먹는
것이 몸에 좋지 않다는 것을 안다 ❷，可是为了大卫，他们一起来到了麦当劳。由
于是午餐时间，人很多，所以따밍은 자리를 찾으러 가고, 데이빗은 음식을 주문했다
❸。大卫点了两个鸡腿汉堡套餐。

❶ _____

❷ _____

❸ _____

👆 플러스 단어

제8과와 관련된 단어를 추가로 익혀 보세요! 🎧 W-08-04

- 三明治 sānmíngzhì 샌드위치
- 热狗 règǒu 핫도그
- 炸鸡 zhájī 프라이드치킨
- 苹果派 píngguǒpài 애플파이
- 菠萝派 bōluópài 파인애플파이
- 饼干 bǐnggān 과자

- 沙拉 shālā 샐러드(=色拉 sèlā)
- 冰淇淋 bīngqílín 아이스크림(=冰激凌 bīngjīlíng)
- 可可茶 kěkěchá 코코아차
- 咖啡伴侣 kāfēibànlǚ 커피메이트, 커피크림
- 糖 táng 설탕
- 吸管 xīguǎn 빨대

芥末 jièmo 겨자, 머스터드

番茄酱 fānqiéjiàng 토마토케첩

微波炉 wēibōlú 전자레인지

胡椒 hújiāo 후추

盐 yán 소금

比萨饼 bǐsàbǐng 피자

蛋黄酱 dànhuángjiàng 마요네즈

09 最好住院观察一下。

입원해서 좀 살펴보는 게 가장 좋겠어요.

예습하기

다음은 제9과에 나오는 단어입니다. 각 단어를 여러 번 써 보며 한어병음과 의미를 익혀 보세요.

腹泻 fùxiè 설사(하다)	**流行** liúxíng 유행하다, 성행하다
症状 zhèngzhuàng 증상, 증후	**肠炎** chángyán 장염
持续 chíxù 지속하다	**住院** zhùyuàn (환자가) 입원하다
病情 bìngqíng 병세	**观察** guānchá 관찰하다, 살피다
反而 fǎn'ér 반대로, 오히려	**治疗** zhìliáo 치료하다
更加 gèngjiā 더욱, 더, 훨씬	**不然** bùrán 그렇지 않으면
严重 yánzhòng 위급하다, 심각하다	**恶化** èhuà 악화되다
外套 wàitào 외투, 겉옷	**出院** chūyuàn 퇴원하다
解开 jiěkāi 열다, 풀다	**至少** zhìshǎo 적어도, 최소한
检查 jiǎnchá 검사하다, 점검하다	**进行** jìnxíng 앞으로 나아가다, 진행하다
高烧 gāoshāo 고열	**仔细** zǐxì 세심하다, 꼼꼼하다
退 tuì 내리다, 줄어들다, 감퇴하다	**办理** bànlǐ 처리하다, 취급하다
止 zhǐ 정지하다, 멈추다, 그만두다	**看病** kànbìng 진찰을 받다, 진찰하다, 진료하다

단어, 듣기, 어법, 독해, 작문 파트의 문제로 제9과에서 배운 내용을 복습해 보세요.

1 단어

(1) 빈칸을 알맞게 채워 넣어 보세요.

한자	병음	뜻
住院	zhùyuàn	❶
❷	chángyán	장염
病情	❸	병세
观察	guānchá	❹
❺	fùxiè	설사, 설사하다
治疗	❻	치료하다
❼	chíxù	지속하다
恶化	èhuà	❽

(2) 위에서 복습한 단어 중에 알맞은 단어를 넣어 문장을 완성해 보세요.

❶ 症状_____了多长时间?

❷ 不但没好，_____反而更加严重了。

❸ 高烧不退，_____不止。

❹ 可不可以在家吃药_____?

2 듣기

(1) 녹음을 듣고 문장을 알맞게 완성해 보세요. 🎧 W-09-01

❶ 再忙也_____顾身体啊!

❷ 你_____住院，不然病情很有可能恶化。

❸ 在哪儿_____住院手续?

❹ 小庆_____住院治疗。

(2) 녹음을 듣고 질문에 알맞은 답을 골라 보세요. 🎧 W-09-02

❶ 这句话告诉我们什么?

ⓐ 小李最近身体不好。　　　　ⓑ 小李去旅行过。

ⓒ 小李最近很忙。　　　　　　ⓓ 小李去逛街了。

❷ 说话人是什么意思?

ⓐ 她不会接电话的。　　　　　ⓑ 她已经生气了。

ⓒ 不用跟她联系。　　　　　　ⓓ 一定要给她打电话。

❸ 这句话告诉我们什么?

ⓐ 老李身体很不舒服。　　　　ⓑ 老李的弟弟病了。

ⓒ 老李和他弟弟住在一起。　　ⓓ 老王想去看病。

(3) 녹음의 대화를 듣고 질문에 알맞은 답을 골라 보세요. 🎧 W-09-03

❶ 他们的对话告诉我们什么?

ⓐ 男的去看过病。　　　　　　ⓑ 男的身体很好。

ⓒ 男的今天去看病。　　　　　ⓓ 男的没去看病，也不会去看病。

❷ 娜贤能坐几点的火车?

ⓐ 三点　　　　　　　　　　　ⓑ 三点一刻

ⓒ 三点半　　　　　　　　　　ⓓ 三点四十五分

❸ 男的说的是什么意思?

ⓐ 一起去药店。　　　　　　　ⓑ 让女的试试膏药。

ⓒ 让女的小心一点儿。　　　　ⓓ 不知道药店在哪儿。

❹ 男的说的是什么意思?

ⓐ 一定要住院。　　　　　　　ⓑ 一定要学习努力。

ⓒ 可以在家吃药治疗。　　　　ⓓ 今天能出院。

3 어법

(1) 다음은 어순이 잘못된 문장입니다. 바르게 고쳐 보세요.

❶ 症状多长时间持续了?

→ _____

❷ 我吃了感冒药点儿。

→ _____

❸ 请办理到一楼西侧的住院部。

→ _____

(2) 빈칸에 들어갈 알맞은 단어를 괄호 안에서 골라 보세요.

❶ 医生（　　　）她马上住院观察。（让 / 使 / 派）

❷ 高烧不退，（　　　）是最近流行的感冒。（所以 / 最好 / 恐怕）

❸ 我没带信用卡，（　　　）用现金结账。（不然 / 但是 / 只好）

(3) 밑줄에 들어갈 알맞은 단어를 박스 안에서 골라 써 보세요.

再　　　对　　　的

❶ 天气_____冷，他也要喝冷水。

❷ 快点出发，不然你会迟到_____。

❸ 他们_____这个问题进行了一个小时的讨论。

4 독해

• 중국어 문장을 해석해 보세요.

❶ 小庆周末和老朋友见面，吃了很多菜，喝了很多酒。晚上回家后就肚子疼、发烧。

→ _____

_____

❷ 周一小庆去医院，医生让她打针、吃药。可是小庆最怕打针，所以她对医生说肚子再疼她也不打针。医生没办法，只好给了她一些药。

→ _____

_____

❸ 可是两天后，小庆的病不但没好，反而更加严重了。医生给她进行检查后告诉她最好打针，不然病情可能恶化。没办法，小庆只好打针。

→ _____

_____

5 작문

• 문장의 밑줄 친 부분을 중국어로 바꿔 보세요.

> 小庆3일 전부터 설사하고 열이 났다❶，虽然吃了点儿感冒药，但不但没好，病情反而更加严重了，所以她今天到医院来看病。医生给她检查后，<u>장염이라고 말하고는, 그녀에게 바로 입원해서 살펴보자고 했다</u> ❷。小庆最近很忙，所以她希望能在家治疗。可是<u>의사는 그녀의 병세가 악화될 것을 걱정했다</u> ❸，没办法，小庆只好住院治疗。

❶ _____

❷ _____

❸ _____

제9과와 관련된 단어를 추가로 익혀 보세요! 🎧 W-09-04

- 内科 nèikē 내과
- 外科 wàikē 외과
- 眼科 yǎnkē 안과
- 妇产科 fùchǎnkē 산부인과
- 儿科 érkē 소아과
- 五官科 wǔguānkē 이비인후과

- 牙科 yákē 치과
- X-光 X guāng X레이
- 挂号处 guàhàochù 접수처
- 急诊室 jízhěnshì 응급실
- 痒 yǎng 가렵다
- 呕吐 ǒutù 토하다, 구토하다

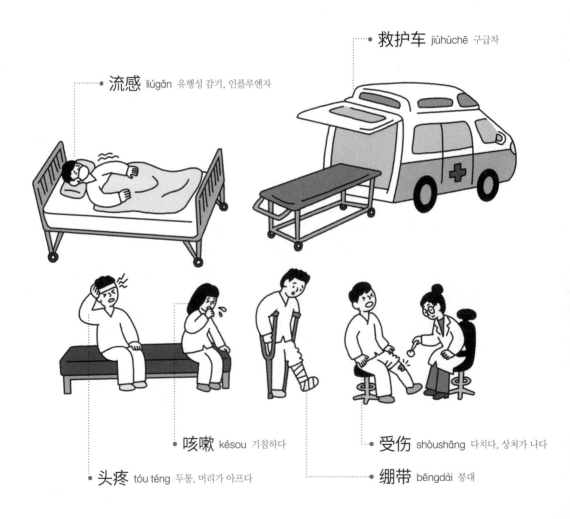

救护车 jiùhùchē 구급차

流感 liúgǎn 유행성 감기, 인플루엔자

咳嗽 késou 기침하다

头疼 tóu téng 두통, 머리가 아프다

受伤 shòushāng 다치다, 상처가 나다

绷带 bēngdài 붕대

10 我正要给你打电话呢。

내가 막 네게 전화하려던 참이었어.

예습하기

다음은 제10과에 나오는 단어입니다. 각 단어를 여러 번 써 보며 한어병음과 의미를 익혀 보세요.

巧
qiǎo 공교롭다, 꼭 맞다

名片
míngpiàn 명함

号码
hàomǎ 번호, 숫자

总机
zǒngjī 대표 전화

接通
jiētōng 연결되다, 통하다

拨
bō (전화번호를) 누르다

分机
fēnjī 구내 전화, 내선 전화

留学生
liúxuéshēng 유학생

内蒙古
Nèiměnggǔ 네이멍구 [지명]

熟悉
shúxī 잘 알다, 익숙하다

旅行社
lǚxíngshè 여행사

未来
wèilái 미래

服务
fúwù 일하다, 서비스하다

质量
zhìliàng 질, 품질

水平
shuǐpíng 수준

通过
tōngguò ~을 거쳐, ~을 통해

来着
láizhe ~을 하고 있었다, ~이었다

咨询
zīxún 자문하다, 상의하다

正巧
zhèngqiǎo 마침, 공교롭게도

答应
dāying 동의하다, 승낙하다

亲自
qīnzì 직접, 친히, 몸소

发
fā 보내다, 부치다, 발송하다

短信
duǎnxìn 문자메시지

通话
tōnghuà 통화하다

占线
zhànxiàn (전화 선로가) 통화 중이다, 사용 중이다

留言
liúyán 남긴 말, 쪽지, 메모, 메시지

복습하기

단어. 듣기. 어법. 독해. 작문 파트의 문제로 제10과에서 배운 내용을 복습해 보세요.

1 단어

(1) 빈칸을 알맞게 채워 넣어 보세요.

한자	병음	뜻
接通	jiētōng	❶
质量	zhìliàng	❷
总机	❸	대표 전화
咨询	zīxún	❹
❺	shúxī	잘 알다, 익숙하다
答应	❻	동의하다, 승낙하다
❼	míngpiàn	명함
❽	qīnzì	직접, 친히, 몸소

(2) 위에서 복습한 단어 중에 알맞은 단어를 넣어 문장을 완성해 보세요.

❶ 我可以陪你去那儿_____。

❷ 我想问你有没有_____的旅行社?

❸ 旅行社的服务_____和水平都很不错。

❹ 小庆_____帮正民联系旅行社。

2 듣기

(1) 녹음을 듣고 문장을 알맞게 완성해 보세요. 🎧 W-10-01

❶ 周六小庆想_____陪她去旅行社。

❷ 我_____大卫的电话号码。

❸ 总机_____后拨分机号码。

❹ 国内外旅行一直都是_____未来旅行社来着。

(2) **녹음을 듣고 질문에 알맞은 답을 고르세요.** 🎧 W-10-02

❶ 明天给谁打电话?

    ⓐ 我   ⓑ 你

    ⓒ 老张   ⓓ 小李

❷ 信是谁写的?

    ⓐ 王大为   ⓑ 王芳

    ⓒ 王明   ⓓ 王明的爸爸

❸ 小李想知道谁的电话号码?

    ⓐ 王明   ⓑ 小庆

    ⓒ 小张   ⓓ 小庆和小张

(3) **녹음의 대화를 듣고 질문에 알맞은 답을 골라 보세요.** 🎧 W-10-03

❶ 女的几点能到车站?

    ⓐ 六点三十   ⓑ 六点四十

    ⓒ 七点一刻   ⓓ 七点三十分

❷ 男的到哪儿去接小李?

    ⓐ 机场   ⓑ 汽车站

    ⓒ 火车站   ⓓ 地铁站

❸ 女的说的是什么意思?

    ⓐ 没看到短信。   ⓑ 现在不能打电话。

    ⓒ 小张没有手机。   ⓓ 小张会再来电话的。

❹ 他们大概几点才能出发?

    ⓐ 四点   ⓑ 四点半

    ⓒ 五点   ⓓ 五点半

3 어법

(1) **다음은 어순이 잘못된 문장입니다. 바르게 고쳐 보세요.**

❶ 太巧了，正要我给你打电话呢。

　　→ _____

❷ 怎么也他不相信我的话。

　　→ _____

❸ 我们下个月去旅行苏州和杭州。

　　→ _____

(2) **빈칸에 들어갈 알맞은 단어를 괄호 안에서 골라 보세요.**

❶ 他叫什么名字(　　　)?　（的 / 来着 / 着）

❷ (　　　)他走了，你就跟我去。（因为 / 虽然 / 万一）

❸ 到时候，我和你联系不(　　　)，可怎么办? （上 / 下 / 来）

(3) **밑줄에 들어갈 알맞은 단어를 박스 안에서 골라 써 보세요.**

> 一直　　　再　　　刚才

❶ _____有一个姓张的来过电话。

❷ 今天我给他打了好几次电话，不过_____占线。

❸ 他刚出去，您一会儿_____来电话吧。

4 독해

- 중국어 문장을 해석해 보세요.

❶ 明天是正民的生日，她想请小庆来她家吃饭，可是小庆后天有考试，所以正民担心万一小庆因为给自己过生日考不好可怎么办。

→ _____

_____

❷ 小庆想起来，正民和她说过明天是自己的生日来着，正要给正民打电话，但怎么也找不到正民的电话号码。

→ _____

_____

❸ 所以小庆给敏浩打电话，要正民的电话号码，还和敏浩约好明天一起给正民过生日。

→ _____

_____

5 작문

- 문장의 밑줄 친 부분을 중국어로 바꿔 보세요.

小庆有事想找大卫，可是데이빗의 전화번호를 찾을 수가 없었다❶，所以她给正民打电话，问大卫的联系电话。正巧正民也正要给小庆打电话，그녀가 자기에게 잘 알고 있는 여행사를 소개해 달라고 하고 싶었다❷。正民告诉了小庆大卫的电话号码，小庆答应帮正民联系旅行社，또한 토요일에 직접 그녀를 데리고 여행사에 상담을 받으러 가기로 했다❸。

❶ _____

❷ _____

❸ _____

제10과와 관련된 단어를 추가로 익혀 보세요! 🎧 W-10-04

- 漫游 mànyóu 로밍(하다)

- 电话卡 diànhuàkǎ 전화 카드

- 长途电话 chángtúdiànhuà 장거리 전화

- 国际电话 guójìdiànhuà 국제 전화

- 公用电话 gōngyòngdiànhuà 공중전화

- 视频通话 shìpíntōnghuà 화상 통화

- 号码簿 hàomǎbù 전화번호부

- 国家号 guójiāhào 국가 번호

- 地区号 dìqūhào 지역 번호

- 对方付费 duìfāngfùfèi 수신자 부담

- 星号 xīnghào 별표

- 井号 jǐnghào 우물정자

显示器 xiǎnshìqì 모니터

键盘 jiànpán 키보드

台灯 táidēng 스탠드등

转椅 zhuànyǐ 회전의자

抽屉 chōuti 서랍

文件 wénjiàn 문서, 서류

날짜: . .

11 你们坐过站了。

당신들은 정류장을 지나쳤습니다.

예습하기

다음은 제11과에 나오는 단어입니다. 각 단어를 여러 번 써 보며 한어병음과 의미를 익혀 보세요.

刷卡
shuā kǎ 카드로 결제하다

一般
yìbān 보통이다, 일반적이다

交通卡
jiāotōngkǎ 교통카드

找钱
zhǎo qián 돈을 거슬러주다, 거스름돈을 주다

提前
tíqián (예정된 시간을) 앞당기다

既
jì ~할 뿐만 아니라

宽敞
kuānchang 넓다, 널찍하다

空调
kōngtiáo 에어컨

舒适
shūshì 편안하다, 쾌적하다

趟
tàng 차례, 편, 번

直接
zhíjiē 바로

西单
Xīdān 시딴 [베이징의 한 지명]

偏偏
piānpiān 기어코, 일부러, 굳이

路线
lùxiàn 노선

欣赏
xīnshǎng 감상하다

沿途
yántú 길가

司机
sījī 기사, 운전사, 기관사

师傅
shīfu 기사님, 선생님

过
guò (~한 지점을) 지나다, 경과하다

糟
zāo (일 또는 상황이) 나쁘다, 잘못되다

该
gāi (마땅히) ~해야 한다

交谈
jiāotán 이야기를 나누다

不得不
bùdébù 어쩔 수 없이, 반드시

倒
dǎo 바꾸다, 갈다, 전환하다, 변동시키다

掉头
diàotóu (배·자동차 등이) 방향을 되돌리다

红绿灯
hónglǜdēng 신호등

11 你们坐过站了。 59

단어. 듣기. 어법. 독해. 작문 파트의 문제로 제11과에서 배운 내용을 복습해 보세요.

1 단어

(1) 빈칸을 알맞게 채워 넣어 보세요.

한자	병음	뜻
❶	zhǎo qián	돈을 거슬러 주다, 거스름돈을 주다
欣赏	xīnshǎng	❷
一般	❸	보통이다, 일반적이다
❹	zhíjiē	바로
刷卡	❺	카드로 결제하다
路线	❻	노선
❼	kuānchang	넓다, 널찍하다
❽	jiāotán	이야기를 나누다

(2) 위에서 복습한 단어 중에 알맞은 단어를 넣어 문장을 완성해 보세요.

❶ 坐公交车用现金还是_____？

❷ 这趟车_____到西单。

❸ 坐公交车能_____沿途的风景。

❹ 空调车很干净，也很_____。

2 듣기

(1) 녹음을 듣고 문장을 알맞게 완성해 보세요. 🎧 W-11-01

❶ 你一定要_____准备好零钱。

❷ 请问离西单还有_____？

❸ 车堵得很_____，我们还是走回去吧。

❹ 赵亮和正民_____一起去西单。

(2) 녹음을 듣고 질문에 알맞은 답을 골라 보세요. 🎧 W-11-02

❶ 这段话没告诉我们什么?

ⓐ 车很宽敞　　　　　ⓑ 车很干净
ⓒ 车很凉快　　　　　ⓓ 车很新

❷ 西单离这儿有多远?

ⓐ 很近　　　　　　　ⓑ 很远
ⓒ 有三公里　　　　　ⓓ 有三十公里

❸ 这句话是什么意思?

ⓐ 我们不能坐出租车　　ⓑ 我们可以坐出租车
ⓒ 我们只好坐出租车　　ⓓ 我们不想坐出租车

(3) 녹음의 대화를 듣고 질문에 알맞은 답을 골라 보세요. 🎧 W-11-03

❶ 男的今天晚上打算干什么?

ⓐ 不参加晚会　　　　ⓑ 不去接朋友
ⓒ 晚一点儿参加晚会　　ⓓ 跟朋友一起吃晚饭

❷ 张老师想怎么去?

ⓐ 坐公交车去　　　　ⓑ 坐出租车去
ⓒ 坐地铁去　　　　　ⓓ 走着去

❸ 女的打算干什么?

ⓐ 坐车去吃饭　　　　ⓑ 借给男的车
ⓒ 晚上一起吃饭　　　ⓓ 跟男的一起玩儿

❹ 男的说的是什么意思?

ⓐ 这家餐厅的菜很不错。　　ⓑ 他没在这家餐厅吃过饭。
ⓒ 他不想在这家餐厅吃饭。　　ⓓ 他想知道女的是听谁说的。

3 어법

(1) 다음은 틀린 문장입니다. 바르게 고쳐 보세요.

❶ 这个电影可有意思的。

→ _____

❷ 就是父母都反对，也他要那么做。

→ _____

❸ 车非常堵，我们还是走着去吧!

→ _____

(2) 빈칸에 들어갈 알맞은 단어를 괄호 안에서 골라 보세요.

❶ 火车已经开了，我们(　　　)怎么办呢? （想 / 会 / 该）

❷ 你真的(　　　)没去国外念过书吗? （从来 / 已经 / 就是）

❸ 赵亮和敏浩约(　　　)一起去西单。（完 / 好 / 了）

(3) 밑줄에 들어갈 알맞은 단어를 박스 안에서 골라 써 보세요.

> 而且　　　偏偏　　　所以

❶ 饭馆离这儿不远可以走着去，可他_____要开车去。

❷ 赵亮不喜欢坐地铁，_____他们一起坐公交车。

❸ 不但款式不错，_____价格也很便宜。

4 독해

• 중국어 문장을 해석해 보세요.

❶ 春天到了，天气暖和了。周末赵亮和敏浩一起骑车去颐和园，可是偏偏路上他们的自行车坏了。

→ _____

_____

❷ 因为附近没有修理自行车的，而且也没有出租车。该怎么办呢？敏浩和赵亮可急坏了。他们决定给出租车公司打电话，就是车费再贵也一定要叫一辆出租车。

→ _____

_____

❸ 这时候，一辆车开过来了，司机知道他们的自行车坏了，就让他们上车，把他们送回了学校。他们很感谢那位司机。

→ _____

_____

_____

5 작문

• 문장의 밑줄 친 부분을 중국어로 바꿔 보세요.

赵亮和正民约好一起去西单，因为赵亮不喜欢坐地铁，所以他们一起坐公交车。그들이 탄 버스는 깨끗하고 널찍했다 ❶，而且有空调，非常舒适。在车上，他们 한편으로는 이야기를 나누며 한편으로는 길가의 풍경을 감상했다 ❷，但是坐过了站。차가 너무 많이 막혀서 그들은 걸어서 되돌아갈 수밖에 없었다 ❸。

❶ _____

❷ _____

❸ _____

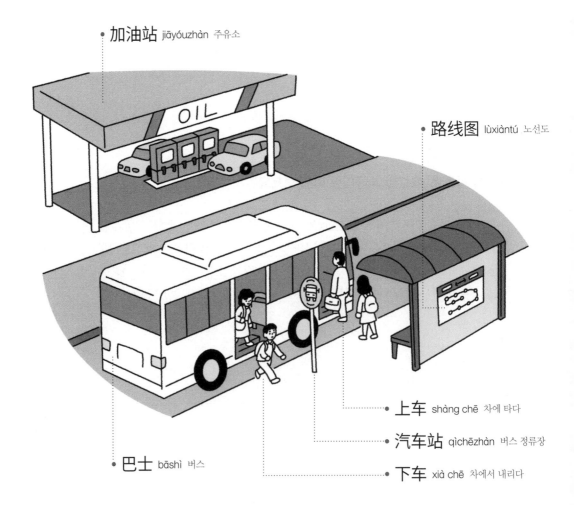

제11과와 관련된 단어를 추가로 익혀 보세요! W-11-04

- **轻轨** qīngguǐ 경전철
- **共享自行车** gòngxiǎng zìxíngchē 공용 자전거
- **卡车** kǎchē 트럭
- **轿车** jiàochē 승용차
- **面包车** miànbāochē 미니버스, 밴
- **房车** fángchē 캠핑카

- **摩托车** mótuōchē 오토바이
- **隧道** suìdào 터널
- **高架公路** gāojiàgōnglù 고가 도로
- **单程** dānchéng 편도
- **往返** wǎngfǎn 왕복(하다)

加油站 jiāyóuzhàn 주유소

路线图 lùxiàntú 노선도

上车 shàng chē 차에 타다

汽车站 qìchēzhàn 버스 정류장

巴士 bāshì 버스

下车 xià chē 차에서 내리다

12 我想把这个包裹寄往韩国。

이 소포를 한국으로 부치려고 합니다.

예습하기

다음은 제12과에 나오는 단어입니다. 각 단어를 여러 번 써 보며 한어병음과 의미를 익혀 보세요.

包裹
bāoguǒ 소포, 보따리

地址
dìzhǐ 주소

寄
jì (우편으로) 부치다, 보내다

填写
tiánxiě 써 넣다, 기입하다

邮政
yóuzhèng 우편 행정

物品
wùpǐn 물품

专用
zhuānyòng 전용(하다)

名称
míngchēng 명칭

纸箱
zhǐxiāng 종이 상자

数量
shùliàng 수량, 양

购买
gòumǎi 사다, 구매하다

单价
dānjià 단가

重新
chóngxīn 새로, 다시

总额
zǒng'é 총액

包装
bāozhuāng (물건을) 포장하다

邮费
yóufèi 우편 요금

空运
kōngyùn 비행기로 수송하다

丢失
diūshī 잃다, 잃어버리다

按照
ànzhào ~에 의해, ~에 따라

挂号
guàhào (편지를) 등기로 부치다

规定
guīdìng 규정하다, 정하다

绝对
juéduì 완전히, 절대로, 반드시

期间
qījiān 기간, 시간

邮寄
yóujì 우송하다

说不定
shuōbudìng ~일지도 모른다

计算
jìsuàn 계산하다, 산출하다, 셈하다

단어, 듣기, 어법, 독해, 작문 파트의 문제로 제12과에서 배운 내용을 복습해 보세요.

1 단어

(1) 빈칸을 알맞게 채워 넣어 보세요.

한자	병음	뜻
包裹	bāoguǒ	❶
空运	kōngyùn	❷
邮费	❸	우편 요금
挂号	guàhào	❹
❺	ànzhào	~에 의해, ~에 따라
地址	❻	주소
❼	diūshī	잃다, 잃어버리다
❽	gòumǎi	사다, 구매하다

(2) 위에서 복습한 단어 중에 알맞은 단어를 넣어 문장을 완성해 보세요.

❶ 您是_____还是海运?

❷ _____规定一个星期就能到。

❸ 如果您寄_____包裹的话，绝对不会丢失。

❹ 请_____纸箱后重新包装。

2 듣기

(1) 녹음을 듣고 문장을 알맞게 완성해 보세요. 🎧 W-12-01

❶ 现在是_____期间，说不定还会晚两三天。

❷ 我想把这个包裹寄_____韩国。

❸ 您这不是_____专用纸箱。

❹ 包裹箱上已经写明了_____。

(2) **녹음을 듣고 질문에 알맞은 답을 골라 보세요.** 🎧 W-12-02

❶ 这句话是什么意思?

ⓐ 他今天一定来。 ⓑ 他今天不一定来。
ⓒ 他今天一定不来。 ⓓ 他说他今天不来。

❷ 我想知道什么?

ⓐ 大小 ⓑ 长短
ⓒ 数量 ⓓ 重量

❸ 这句话是什么意思?

ⓐ 这件衣服很漂亮、很便宜。 ⓑ 这件衣服不漂亮，但很便宜。
ⓒ 这件衣服不漂亮，也不便宜。 ⓓ 这件衣服漂亮是漂亮，但不便宜。

(3) **녹음의 대화를 듣고 질문에 알맞은 답을 골라 보세요.** 🎧 W-12-03

❶ 男的要做什么?

ⓐ 坐飞机 ⓑ 坐火车
ⓒ 去旅行 ⓓ 寄包裹

❷ 男的没写什么?

ⓐ 父母的姓名 ⓑ 老师的姓名
ⓒ 朋友的姓名 ⓓ 他自己的姓名

❸ 女的寄什么邮件好?

ⓐ 平信 ⓑ 快件
ⓒ 特快邮件 ⓓ 挂号邮件

❹ 到韩国大概要多长时间?

ⓐ 一两天 ⓑ 三四天
ⓒ 六七天 ⓓ 八九天

3 어법

(1) **다음은 어순이 잘못된 문장입니다. 바르게 고쳐 보세요.**

❶ 现在是春运期间年末，说不定还会两三天晚。

→ _____

❷ 我给上海的朋友想寄一件生日礼物。

→ _____

❸ 我把这个包裹想寄往韩国。

→ _____

(2) **빈칸에 들어갈 알맞은 단어를 괄호 안에서 골라 보세요.**

❶ 明天这个时候，我可能坐在飞(　　　)首尔的飞机上。（给 / 往 / 跟）

❷ 他既不喜欢打球，(　　　)不喜欢游泳。（都 / 也 / 再）

❸ 您是空运(　　　)海运？（还是 / 也是 / 或者）

(3) **밑줄에 들어갈 알맞은 단어를 박스 안에서 골라 써 보세요.**

> 正好　　　按照　　　大概

❶ 这双鞋一百块，今天我从银行_____取了一百块。

❷ 到韩国要_____多长时间？

❸ _____规定，我们不能穿运动鞋。

4 독해

- 중국어 문장을 해석해 보세요.

❶ 我和小张已经两年多没见面了。这星期我有事要去北京，正好小张也要到北京出差，所以我们说好在北京见面。

→ _____

_____

❷ 现在我坐在飞往北京的飞机上，说不定小张也正坐在开往北京的火车上。按照约定，我们今晚8点在北京饭店见面。

→ _____

_____

❸ 我7点半来到北京饭店。想到马上能跟老朋友见面，我既高兴，又紧张。不一会儿，小张到了，我一看表，正好8点。

→ _____

_____

5 작문

- 문장의 밑줄 친 부분을 중국어로 바꿔 보세요.

> 敏浩去邮局寄国际包裹。직원은 그에게 반드시 우편 전용 상자를 구매해야 한다고 말했다❶。邮寄方式分空运和海运，항공편이 비록 배편보다 비싸지만 시간을 많이 절약할 수 있다❷，所以敏浩选择了空运。우편 요금은 우편물의 가격과 무게에 따라 계산된다❸，共计1320元。最后，为了保证包裹不会丢失，营业员还建议敏浩寄挂号邮件。

❶ _____

❷ _____

❸ _____

제12과와 관련된 단어를 추가로 익혀 보세요! W-12-04

- 信 xìn 편지
- 回信 huíxìn 회신, 답장
- 信纸 xìnzhǐ 편지지
- 附件 fùjiàn 동봉물
- 贺年片 hèniánpiàn 연하장, 신년 카드
- 寄付 jìfù 발신자 부담

- 到付 dàofù 수신자 부담, 착불
- 贺卡 hèkǎ 축하 카드
- 邮件 yóujiàn 우편물
- 邮政信箱 yóuzhèng xìnxiāng 사서함
- 收到 shōudào 받다, 수령하다
- 贴邮票 tiē yóupiào 우표를 붙이다

寄信人 jìxìnrén 발신인

明信片 míngxìnpiàn 엽서

收信人 shōuxìnrén 수신인

信封 xìnfēng 편지 봉투

邮递员 yóudìyuán 우체부

递送 dìsòng 배달하다, 발송하다

信筒 xìntǒng 우체통

13 这个假期我打算去旅行。

이번 방학에 나는 여행을 가려고 해.

다음은 제13과에 나오는 단어입니다. 각 단어를 여러 번 써 보며 한어병음과 의미를 익혀 보세요.

眼看
yǎnkàn 곧, 바로, 이제

放假
fàngjià 방학하다, (학교나 직장이) 쉬다

计划
jìhuà 계획, 방안

多
duō 남짓, 여

一块儿
yíkuàir 함께, 같이

商量
shāngliang 상의하다, 의논하다

南方
nánfāng 남방 지역, 남쪽 지방

俗话
súhuà 속담, 옛말

天堂
tiāntáng 천당, 천국

游览
yóulǎn 유람하다

顺便
shùnbiàn ~하는 김에, 겸사겸사

与其
yǔqí ~하기보다는, ~하느니

花钱
huāqián (돈을) 쓰다, 소비하다

顺路
shùnlù 가는 길에, 오는 길에

宾馆
bīnguǎn 호텔

一致
yízhì 일치(하다)

美景
měijǐng 아름다운 경치

查找
cházhǎo 찾다, 알아보다

长途汽车
chángtú qìchē 장거리 버스

口
kǒu 출입구

站台
zhàntái 플랫폼(platform)

登机口
dēngjīkǒu 비행기 탑승구

住
zhù 숙박하다, 묵다

团体
tuántǐ 단체

儿童
értóng 아동, 어린이

以下
yǐxià 이하

단어. 듣기. 어법. 독해. 작문 파트의 문제로 제13과에서 배운 내용을 복습해 보세요.

1 단어

(1) 빈칸을 알맞게 채워 넣어 보세요.

한자	병음	뜻
眼看	yǎnkàn	❶
❷	shùnbiàn	~하는 김에, 겸사겸사
商量	shāngliang	❸
俗话	súhuà	❹
一致	❺	일치, 일치하다
游览	❻	유람하다
❼	měijǐng	아름다운 경치
❽	bīnguǎn	호텔

(2) 위에서 복습한 단어 중에 알맞은 단어를 넣어 문장을 완성해 보세요.

❶ _____就要放假了。

❷ 我回家的时候，可以_____来看你。

❸ 他们决定去欣赏苏、杭的_____。

❹ _____苏州、杭州，五六天就够了。

2 듣기

(1) 녹음을 듣고 문장을 알맞게 완성해 보세요. 🎧 W-13-01

❶ 假期有没有什么特别的_____?

❷ _____我也想去旅行。

❸ _____以后花钱再去上海，不如这次顺路去上海转转。

❹ 我们赶快_____火车票和宾馆吧。

(2) **녹음을 듣고 질문에 알맞은 답을 골라 보세요.** 🎧 W-13-02

❶ 这句话是什么意思?

ⓐ 每个周末他都来我家。　　　ⓑ 每个周末我都去他家。

ⓒ 每个周末我们都不见面。　　ⓓ 每个周末我们都见面。

❷ 这句话是什么意思?

ⓐ 天堂上面有苏州、杭州。　　ⓑ 天堂下面有苏州、杭州。

ⓒ 苏州、杭州是人间的天堂。　ⓓ 苏州、杭州是最高的地方。

❸ 男的告诉我们什么?

ⓐ 名字　　　　　　　　　　　ⓑ 生日

ⓒ 计划　　　　　　　　　　　ⓓ 电话号码

(3) **녹음의 대화를 듣고 질문에 알맞은 답을 골라 보세요.** 🎧 W-13-03

❶ 女的说的是什么意思?

ⓐ 你去好。　　　　　　　　　ⓑ 我去好。

ⓒ 你去、我去都好。　　　　　ⓓ 你去、我去都不好。

❷ 女的说的是什么意思?

ⓐ 她想吃点东西。　　　　　　ⓑ 她不想吃东西。

ⓒ 她吃什么好呢?　　　　　　ⓓ 她们一起吃点东西吧。

❸ 女的说的是什么意思?

ⓐ 她没买东西。　　　　　　　ⓑ 她买了很多东西。

ⓒ 她想买东西。　　　　　　　ⓓ 她不知道要买什么。

❹ 今天星期几?

ⓐ 周二　　　　　　　　　　　ⓑ 周三

ⓒ 周四　　　　　　　　　　　ⓓ 周五

3 어법

(1) **다음은 틀린 문장입니다. 바르게 고쳐 보세요.**

❶ 他们坐着电脑前查找火车票。

→ _____

❷ 上海在苏州、杭州很近。

→ _____

❸ 这个假期我打算旅行中国。

→ _____

(2) **빈칸에 들어갈 알맞은 단어를 괄호 안에서 골라 보세요.**

❶ 打( )你的电脑，我们一起上网查查。 （到 / 开 / 完）

❷ 我每天不是学校( )宿舍，没去过什么地方。 （就是 / 也是 / 还是）

❸ 他跟我没说( )。 （怎么 / 什么 / 那么）

(3) **밑줄에 들어갈 알맞은 단어를 박스 안에서 골라 써 보세요.**

> 眼看　　　顺便　　　不如

❶ 如果你现在出去，_____帮我寄封信，好不好？

❷ 我_____就要做爸爸了。

❸ 下雨了，与其现在走，_____雨停了再走。

4 독해

• 다음 중국어 문장을 해석해 보세요.

① 以前放假，我不是回国就是待在学校学习，可是这次放假我打算去中国的南方转转，顺便去杭州见我的中国朋友。

→ _____

_____

② 坐火车去杭州太累了，我想坐飞机去。如果你的电脑开着，请帮我在网上查查哪家旅行社的机票最便宜。

→ _____

_____

③ 与其花很多钱买一台新款电脑，不如把这台电脑修一修，我觉得这台电脑修一修就能用。这不是你去年刚买的吗? 还挺新的呢。

→ _____

_____

5 작문

• 문장의 밑줄 친 부분을 중국어로 바꿔 보세요.

민호는 중국에 온 지 1년이 넘었지만 어디 가 본 곳이 없다 **①**。所以他打算利用假期在中国旅游。大卫也打算放假的时候，在中国转转。俗话说"上有天堂，下有苏杭。"他们一致决定去欣赏苏、杭的美景。상하이가 쑤저우, 항저우에서 가까워서 그들은 가는 길에 상하이도 돌아보기로 결정했다 **②**。지금 그들은 컴퓨터 앞에 앉아서 기차표와 호텔을 검색하고 있다 **③**。

① _____

② _____

③ _____

제13과와 관련된 단어를 추가로 익혀 보세요! 🎧 W-13-04

- 旅程 lǚchéng 여정, 여로
- 导游 dǎoyóu 관광안내원, 가이드
- 行李 xíngli 짐, 여행짐
- 免费 miǎnfèi 무료(로 하다)
- 登记 dēngjì 체크인(하다)
- 退房 tuìfáng 체크아웃(하다)

- 签证 qiānzhèng 비자
- 护照 hùzhào 여권
- 服务费 fúwùfèi 팁, 서비스비
- 房费 fángfèi 투숙비, 숙박료
- 押金 yājīn 보증금
- 俱乐部 jùlèbù 클럽(club)

- 调酒师 tiáojiǔshī 바텐더
- 鸡尾酒 jīwěijiǔ 칵테일
- 售票处 shòupiàochù 매표소, 티켓판매소
- 电影院 diànyǐngyuàn 영화관
- 太平门 tàipíngmén 비상구
- 常客 chángkè 단골손님
- 酒吧 jiǔbā 바(bar)
- 票 piào 티켓, 표

메모

다락원 홈페이지에서 MP3 파일
다운로드 및 실시간 재생 서비스

최신개정
다락원 중국어 마스터 STEP **3**
◦워크북◦

지은이 박정구, 백은희, 마원나, 샤오잉
펴낸이 정규도
펴낸곳 (주)다락원

기획·편집 김혜민, 이상윤
디자인 김교빈, 김나경, 최영란
일러스트 정민영, 최석현
사진 Shutterstock

다락원 경기도 파주시 문발로 211
전화 (02)736-2031 (내선 250~252 / 내선 430, 431)
팩스 (02)732-2037
출판등록 1977년 9월 16일 제406-2008-000007호

ISBN 978-89-277-2290-8 14720
     978-89-277-2287-8 (set)

www.darakwon.co.kr
다락원 홈페이지를 방문하시면 상세한 출판 정보와 함께 동영상 강좌, MP3 자료 등 다양한 어학
정보를 얻으실 수 있습니다.

최신
개정

다락원
중국어
마스터

•워크북•

STEP

3